LES

CONSEILS DE PRÉFECTURE

PROCÉDURE. — TRAVAUX. — LÉGISLATION

PAR

Paul DAUVERT

SOUS-CHEF AU GREFFE DU CONSEIL DE PRÉFECTURE DE LA SEINE

Cette Étude, extraite de la *Revue générale d'administration*,
est suivie de tableaux statistiques résumant les travaux des Conseils de préfecture
pendant les années 1877, 1878 et 1879.

PARIS

BERGER-LEVRAULT ET Cie, LIBRAIRES-ÉDITEURS

5, RUE DES BEAUX-ARTS, 5

MÊME MAISON A NANCY

—

1881

LES

CONSEILS DE PRÉFECTURE

PROCÉDURE. — TRAVAUX. — LÉGISLATION

PAR

Paul DAUVERT

SOUS-CHEF AU GREFFE DU CONSEIL DE PRÉFECTURE DE LA SEINE

Cette Étude, extraite de la *Revue générale d'administration*,
est suivie de tableaux statistiques résumant les travaux des Conseils de préfecture
pendant les années 1877, 1878 et 1879.

PARIS

BERGER-LEVRAULT ET Cie, LIBRAIRES-ÉDITEURS

5, RUE DES BEAUX-ARTS, 5

MÊME MAISON A NANCY

1881

LES

CONSEILS DE PRÉFECTURE

PROCÉDURE. — TRAVAUX — LÉGISLATION

Des circulaires qui portent la date des 17 janvier 1863 et 31 janvier 1867 ont prescrit aux préfets d'envoyer au ministre de l'intérieur « un tableau annuel résumant les décisions des conseils de préfecture de chaque département ».

Ces comptes rendus, que le ministère centralise et dont il publie les résultats, ont pour objet de « faire apprécier l'importance des travaux des conseils de préfecture », comme aussi de mettre l'administration supérieure « en mesure de s'assurer que tous ces tribunaux fonctionnent régulièrement et que les affaires sont partout expédiées avec célérité ».

Pour atteindre ce double but et permettre au ministre « d'exercer un contrôle suffisamment sévère[1] », des modifications ont été faites à plusieurs reprises au modèle de tableau préparé par la direction de l'administration départementale et communale. Elles ont porté tout à la fois et sur la nature des renseignements demandés et sur la classification des affaires si variées soumises à la décision ou à l'examen des conseils de préfecture. Il suffit de comparer le cadre étroit, les divisions sommaires de la statistique de 1864, et le tableau très-complet et très-détaillé de 1879, pour se rendre compte des progrès accomplis durant cette période.

Le ministère ne s'en est pas tenu à ces améliorations et une circulaire récente[2] a demandé aux préfets d'accompagner le tableau de statistique annuel d'un rapport rédigé soit par le vice-président, soit par un membre du conseil de préfecture, « rapport qui fera ressortir les

1. Circulaire ministérielle du 31 octobre 1873.
2. Circulaire ministérielle du 28 décembre 1879.

principaux résultats de cette statistique et qui résumera les observations que le tribunal croirait devoir soumettre au ministre. »

A titre de renseignement la circulaire indique les points principaux que pourrait aborder ce rapport :

I. — Répartition du travail. — Nombre de séances publiques; non publiques. — Instruction des affaires. — Retards qui ont pu être signalés; motifs; moyens de les prévenir.

II. — Audiences. — Tenue, public, police, incidents.

III. — Observations des parties. — Dans quelle nature d'affaires les parties interviennent-elles le plus fréquemment? — Mandataires; leurs qualités ou fonctions; concours plus ou moins utile qu'ils prêtent à l'administration de la justice administrative.

IV. — Affaires exceptionnelles par l'importance, soit des intérêts en jeu, soit de la question à juger.

V. — Revue des divers paragraphes du tableau statistique.

VI. — Observations auxquelles peut donner lieu sur quelques points la législation relative aux conseils de préfecture.

Les cinq premiers paragraphes de ce questionnaire embrassent, comme on le voit, l'ensemble des travaux des conseils de préfecture, et, dans leur état actuel, la procédure et l'instruction devant ces tribunaux.

Quant au sixième paragraphe, il est d'une importance capitale, puisqu'il provoque une véritable enquête sur les lacunes et les imperfections que l'expérience a dû révéler dans une législation vieille de quinze ans déjà et sur les réformes qui sont de nature à les faire disparaître.

Nous avons pu dépouiller les 87 rapports[1] qui répondent aux questions posées par le ministre : tous n'ont pas la même valeur, le contentieux administratif ayant pris dans les divers départements un développement inégal; mais quelques-uns sont remarquables et la plupart sont très-intéressants. Nous examinerons successivement les différentes matières qu'ils traitent; toutefois, nous nous attacherons plus spécialement à la dernière partie de ces documents, à celle qui, en énumérant les *vœux* des conseils de préfecture, constitue en quelque sorte les

1. C'est à la bienveillance de M. le conseiller d'État, directeur de l'administration départementale et communale au ministère de l'intérieur, que nous devons la communication de ces précieux documents. Nous y avons largement puisé, et les chiffres et les renseignements que nous leur avons empruntés font le principal intérêt de ces articles.

cahiers de la juridiction administrative du premier degré. Nous suivrons dans cet examen les divisions tracées par la circulaire du 28 décembre 1879.

CHAPITRE I.

Répartition du travail. — Nombre de séances publiques, non publiques. — Instruction des affaires. — Retards qui ont pu être signalés, motifs, moyens de les prévenir.

La procédure et l'instruction devant les conseils de préfecture sont réglées actuellement par la loi du 21 juin 1865 et par le décret du 12 juillet suivant, commenté par une circulaire ministérielle du 21 du même mois.

Un article de la loi du 16 septembre 1807, qui ne prévoyait que les dommages résultant d'une occupation de terrain dans des cas déterminés, mais dont la pratique a étendu l'application à tous les dommages causés par des travaux publics, et même, dans certains départements, aux marchés de travaux publics; — un article de la loi du 21 mai 1836, en matière de chemins vicinaux; — des articles de la loi du 2 messidor an VII, de l'arrêté du Gouvernement du 24 floréal an VIII et des lois des 21 avril 1832 et 4 août 1844 en ce qui touche les contributions directes et les taxes assimilées; — enfin quelques dispositions éparses dans les lois spéciales aux contraventions ou aux élections; — forment seuls le complément de la loi et du décret de 1865.

L'article 14 de cette dernière loi promettait qu'un règlement d'administration publique déterminerait provisoirement : « 1° les délais et les formes dans lesquels les arrêtés contradictoires ou non contradictoires des conseils de préfecture peuvent être attaqués; 2° les règles de la procédure à suivre devant les conseils de préfecture, notamment pour les enquêtes, les expertises et les visites de lieux; 3° ce qui concerne les dépens. »

Il devait être statué par une loi dans le délai de cinq ans.

Jusqu'à ce jour aucune de ces deux promesses n'a été tenue[1] et les

1. Les motifs de ce retard sont exposés dans un remarquable rapport (p. 149 et

conseils de préfecture, placés en présence d'une législation incomplète, insuffisamment guidés par la jurisprudence du Conseil d'État plus soucieux en apparence de statuer sur des espèces que de poser des principes, ont été amenés parfois à s'inspirer des dispositions du Code de procédure civile. Ces emprunts, habituels dans tel département, exceptionnels dans tel autre, et le défaut d'unité dans la procédure qui en est résulté, ont trop souvent fait perdre aux justiciables une grande partie des avantages de simplicité, d'économie et de célérité que présente la juridiction administrative.

I.

RÉPARTITION DU TRAVAIL.

« Immédiatement après l'enregistrement des requêtes et mémoires introductifs d'instance », dit l'article 2 du décret du 12 juillet 1865, « le préfet ou le conseiller qui le remplace désigne un rapporteur auquel le dossier de l'affaire est transmis dans les vingt-quatre heures. »

Cet article a été diversement entendu. Bien qu'il donne au préfet ou au conseiller qui le remplace, c'est-à-dire dans la pratique au vice-président du conseil de préfecture, pleine autorité pour choisir et désigner le conseiller rapporteur, cette désignation a été faite, dans la plupart des départements, sans que l'initiative du vice-président ait eu à se manifester. Celui-ci s'est borné à attribuer les dossiers de diverse nature à chaque conseiller à tour de rôle, en se faisant à lui-même une part égale à celle de ses collègues.

« Ce mode de procéder », a-t-on dit, « a le quadruple avantage d'assurer le service, d'augmenter les garanties du travail de tous, d'affermir la confiance que nous devons inspirer aux justiciables et de ménager, dans nos rapports personnels, de réciproques susceptibilités. »

---

suiv.) que nous aurons plus d'une fois à citer. Nous voulons parler du rapport rédigé en 1873 par M. Albert Lavallée, secrétaire de la commission chargée d'étudier les bases d'un projet de loi relatif à l'organisation et aux attributions des conseils de préfecture. Cette commission, instituée par une décision du ministre de l'intérieur en date du 6 août 1872, était composée de MM. Hébert, chef de division au ministère de l'intérieur, *président* ; Saint-Yves, chef de bureau, Guillaume, chef de bureau, Morgand, chef de bureau, Albert Lavallée, commissaire du Gouvernement près le Conseil de préfecture de la Seine, *secrétaire rapporteur*.

Ce sont là des avantages; sont-ils aussi sérieux qu'on veut bien le dire?

L'obligation de ménager de « réciproques susceptibilités » ne révèle-t-elle pas le peu d'autorité d'un vice-président nommé pour une année seulement et qu'un décret peut déposséder de ses fonctions et subordonner à l'un de ses assesseurs actuels?

Ce vice-président n'est d'ailleurs que le suppléant du préfet, qui, dans quelques départements, continue à exercer une partie des prérogatives de la présidence.

Ainsi, dans l'Oise, le préfet lui-même a désigné les rapporteurs. Le préfet de l'Eure a fait de même pour les affaires contentieuses destinées à être portées en séance publique et pour les affaires non contentieuses. Le vice-président du conseil de préfecture n'a eu à distribuer que les dossiers de contributions directes et les comptes de gestion; ces dernières affaires sont du reste divisées en quatre lots comprenant: le premier, l'arrondissement d'Évreux, le second, l'arrondissement de Bernay et un tiers de celui de Louviers, le troisième, l'arrondissement des Andelys et un autre tiers de l'arrondissement de Louviers, le quatrième, l'arrondissement de Pont-Audemer et le dernier tiers de celui de Louviers.

La division par arrondissement a été adoptée aussi dans la Dordogne pour toutes les affaires, autant que possible, et notamment pour les contributions; dans le Calvados et le Tarn-et-Garonne, pour les comptes de gestion seulement.

Dans la Marne, les dossiers d'affaires contentieuses diverses et de contraventions ont été distribués d'après un roulement établi entre les trois conseillers. Pour les autres matières, conformément à un usage constant, le département est divisé en trois régions; les affaires de chacune de ces régions appartiennent de droit à l'un des membres du conseil.

Dans l'Aveyron, les affaires les plus importantes sont confiées au conseiller le plus ancien, les plus faciles au dernier nommé; le surplus est divisé en parts égales.

Dans l'Ardèche, les Basses-Alpes, les Alpes-Maritimes, la Corrèze et la Nièvre, le vice-président a traité les affaires les plus considérables, en y ajoutant, dans ce dernier département, la direction exclusive du greffe.

Par suite de circonstances particulières tenant à la composition du conseil et qui ont cessé d'exister, le vice-président de la Savoie a dû, pendant l'année 1879, se charger de la plus grande partie des dossiers.

Le vice-président du Nord, d'après un usage antérieur à 1865, a seul dirigé l'instruction des dossiers contentieux et rédigé les rapports[1]; à l'avenir il répartira les affaires entre tous les membres du conseil.

Dans le Jura, l'un des conseillers ayant été commis pour remplir les fonctions de sous-intendant militaire de la place de Lons-le-Saunier, et l'autre étant délégué au service, très-important dans ce département, « des recherches et des traitements phylloxériques », le vice-président a dû traiter seul les affaires contentieuses.

Au contraire, dans le Tarn-et-Garonne, le vice-président s'est occupé plus spécialement des affaires non contentieuses; les conseillers étaient chargés, en alternant de mois en mois, de l'examen des affaires de contributions directes en état d'être jugées; les comptes de gestion étaient, nous venons de le voir, divisés en trois parts correspondantes aux trois arrondissements et les autres affaires étaient réparties à peu près également entre les conseillers.

Un système plus simple a prévalu dans les Landes : le vice-président a partagé tous les dossiers entre ses deux collègues, en se réservant de revoir les rapports de ceux-ci avant les audiences ou les réunions en chambre du conseil.

Dans l'Ille-et-Vilaine, trois conseillers seulement, sur quatre, ont pu être désignés comme rapporteurs, les fonctions de commissaire du Gouvernement étant, par délégation, dévolues au conseiller le plus récemment nommé.

Dans la Haute-Vienne, le vice-président a réparti les dossiers à peu près également « entre les trois conseillers, en ayant égard à la nature et à l'importance des affaires ».

Le vice-président du Calvados a distribué les affaires contentieuses diverses, les contraventions et les affaires non contentieuses « dans la mesure la plus équitable et selon le degré d'importance et l'aptitude particulière des conseillers ». Nous savons déjà que, dans le Calvados, la répartition des comptes de gestion a pour base, autant que possible, la division du département en arrondissements. Quant aux contributions directes, les réclamations sont divisées en quatre catégories : 1° contributions foncière et des portes et fenêtres, taxe des biens de

1. Dans ce département les fonctions de commissaire du Gouvernement sont remplies par un conseiller de préfecture désigné par décision ministérielle.

mainmorte et taxe sur les chiens ; 2° contribution personnelle mobilière; 3° contribution des patentes; 4° prestations et autres taxes assimilées. Chacun des conseillers est chargé de l'une de ces catégories. Malgré les inconvénients qu'il présente pour les conseillers, ce mode de répartition a été préféré, dit le rapport, dans l'intérêt des contribuables. Il a paru plus propre qu'aucun autre à hâter la solution des instances ; mais cette appréciation pourra sembler contestable.

Ces complications ont été évitées dans le département de la Seine, où toutes les affaires, contentieuses ou non, sont distribuées par le président du conseil. Celui-ci se préoccupe, comme les vice-présidents de la Haute-Vienne et du Calvados, de l'expérience et des aptitudes spéciales des rapporteurs, de la nature et de l'importance des questions soulevées. Il tient compte également du plus ou moins de loisir que laissent à chacun des membres du conseil les innombrables délégations de fonctions administratives qu'ils reçoivent tant du préfet de la Seine que du préfet de police.

Contrairement à ce qui se passe dans les départements du Doubs et de Seine-et-Marne, où les comptes de gestion changent chaque année de rapporteur, il est d'usage au conseil de préfecture de la Seine, comme à la Cour des Comptes, que tous les comptes d'une même gestion intéressant un même comptable, soient soumis à l'examen du même conseiller.

La désignation des rapporteurs « est faite sur la chemise du dossier de la main même du président, datée et paraphée par lui. Un registre tenu constamment à jour met d'ailleurs en évidence la situation de chaque rapporteur. Ce registre est présenté tous les quinze jours au président, qui adresse des rappels, s'il y a lieu, aux conseillers retardataires. »

Un registre analogue permet au président de suivre le mouvement des dossiers transmis, par l'intermédiaire du greffe, aux commissaires du Gouvernement.

II.

NOMBRE DE SÉANCES PUBLIQUES, NON PUBLIQUES.

Les conseils de préfecture des départements tiennent généralement une séance publique par semaine, soit cinquante séances environ par an.

Cette moyenne n'a été dépassée que dans sept départements, non compris celui de la Seine : la Charente-Inférieure (86 séances), la Haute-Garonne (2 séances par semaine), le Loiret (96 séances), Maine-et-Loire (53 séances), la Savoie (57 séances), la Seine-Inférieure (126 séances), Seine-et-Marne (90 séances).

En revanche, le conseil de préfecture a siégé trois fois par mois seulement dans l'Indre, la Marne et la Mayenne, deux fois par mois dans l'Aube, la Haute-Savoie, les Deux-Sèvres, le Tarn et Vaucluse, et toutes les trois semaines dans les Landes. Il n'a eu que 28 séances publiques dans l'Hérault, 25 dans la Corrèze, 22 dans la Haute-Loire et 15 dans la Sarthe[1].

Le choix du jour de la séance publique est le plus souvent déterminé par des considérations d'intérêt local. Le mercredi a été adopté par le conseil de préfecture du Puy-de-Dôme parce que, ce jour-là, se tient à Clermont-Ferrand un grand marché qui amène à la ville les habitants des localités voisines. Le conseil de la Lozère siége le vendredi, jour où les populations des montagnes trouvent plus de facilités pour se rendre au chef-lieu du département. Le conseil de préfecture de la Mayenne a pris également le vendredi comme étant le seul jour laissé libre par les audiences du tribunal civil ou correctionnel et du tribunal de commerce. Les mêmes motifs ont fait choisir le jeudi dans le département d'Eure-et-Loir.

Les séances non publiques sont plus fréquentes. Elles sont consacrées soit au jugement des comptes de gestion[2], soit à l'examen des affaires administratives. Certains conseils de préfecture se réunissent presque chaque jour pour cet objet, la plupart une, deux ou trois fois par semaine. Quelques-uns pourtant n'ont eu séance en chambre du conseil qu'une fois par semaine, comme Belfort, que trois fois par mois, comme la Haute-Loire, le Loiret, la Mayenne, l'Oise et les Pyrénées-Orientales, ou même que deux fois par mois, comme dans les Basses-Alpes et l'Aube. Enfin quelques départements sont restés au-dessous de cette moyenne : le conseil de préfecture du Lot-et-Garonne n'a eu que 21 séances non publiques, celui de l'Ardèche que 14.

---

1. Le conseil de préfecture de l'Yonne n'accuse que neuf séances publiques où les parties se soient présentées ; mais il ne fait connaître ni le nombre des autres séances publiques, ni celui des séances en chambre du conseil.

2. L'article 10 de la loi du 21 juin 1865 dispose que « les comptes des receveurs des communes et des établissements de bienfaisance ne sont pas jugés en séance publique ».

Le conseil de préfecture de la Seine tient, « chaque semaine, *quatre* séances publiques pour le jugement des affaires contentieuses, les mardi, mercredi, jeudi et vendredi, et *deux* séances non publiques pour l'examen des affaires administratives, les lundi et samedi ; — de telle sorte que le conseil siége tous les jours, soit au contentieux, soit à l'administratif[1]. »

Le nombre des séances du conseil de la Seine est réduit durant les vacances des tribunaux : il y a par semaine deux séances publiques, qui se tiennent le mercredi et le jeudi, et une séance en chambre du conseil, qui a lieu le jeudi à l'issue de la séance publique[2].

Dans les autres départements, les séances, publiques ou non, deviennent moins fréquentes[3] et parfois même sont interrompues, sauf pour les cas d'urgence, non-seulement durant les vacances des tribunaux, mais aussi durant les opérations des conseils de révision auxquelles participent les conseillers de préfecture[4].

Les articles 2 et 3 de l'arrêté du 19 fructidor an IX[5] fournissent bien

---

1. « Le décret du 17 mars 1863, qui a créé les fonctions de président du conseil de préfecture de la Seine, dispose que ce conseil pourra être divisé en sections, et que les conseillers chargés de présider les sections seront désignés par le préfet. Le décret du 12 novembre 1871, complétant cette première disposition réglementaire, porte : « Art. 3. Le conseil est divisé en *deux* sections présidées, « en l'absence du président, par des conseillers désignés par le préfet ; les autres « membres seront répartis dans les *deux* sections par le président suivant les « besoins du service. »

« Cette répartition a lieu tous les ans, au commencement de l'année judiciaire. Chaque section se compose de quatre conseillers, — non compris le président, qui exerce ses fonctions tantôt dans l'une, tantôt dans l'autre, suivant l'importance des affaires mises au rôle. » (*Rapport du président du conseil de préfecture de la Seine.*)

2. Aucun changement n'est apporté aux rôles du conseil de préfecture de la Seine pendant les opérations du conseil de révision. Ce conseil examine plus de 20,000 hommes chaque année et le conseil de préfecture fournit à presque toutes ses séances un président et à toutes un assesseur.

3. Aude, Corrèze, Var.

4. Aube, Bouches-du-Rhône, Eure, Indre, Manche, Marne, Basses-Pyrénées, Vendée. — Dans l'Eure et dans l'Ain les séances sont également suspendues durant les sessions du conseil général, la même salle servant aux réunions des deux conseils. En outre, dans l'Eure, des changements assez nombreux dans le personnel administratif ont obligé à espacer les audiences du conseil de préfecture en les chargeant davantage.

5. Voici le texte de ces articles :

« Art. 2. — En cas de partage ou d'insuffisance du nombre des membres du conseil, ils seront remplacés de la manière suivante :

« Art. 3. — Les membres restant au conseil de préfecture désigneront, à la pluralité des voix, un des membres du conseil général de département, qui siégera avec ceux du conseil de préfecture, soit qu'il faille compléter le nombre

aux conseils de préfecture le moyen de se compléter par l'adjonction d'un conseiller général ; et dans l'Ain, un conseiller général a assisté à 17 séances publiques sur 40 et à 77 séances non publiques sur 113[1]. Mais ce mode de remplacement est loin de donner toujours des résultats satisfaisants.

On remarquera d'abord que l'article 3 de l'arrêté du 19 fructidor an IX, pour ne pas violer le principe de la séparation des pouvoirs, a dû écarter de la suppléance les membres des tribunaux, qui, à d'autres points de vue, offriraient certaines garanties. Puis « le nombre des conseillers généraux résidant au chef-lieu du département est très-limité, et parmi eux, celui des hommes d'affaires, dont le concours serait cependant si utile, l'est encore davantage. Par surcroît, les hommes d'affaires ne peuvent négliger leurs travaux professionnels, et les conseils hésitent à leur demander un concours qu'ils ne peuvent prêter qu'à regret[2]. »

« De là », ajoute le rapport que nous citons, « des moments d'arrêt dans le fonctionnement régulier, permanent, des conseils de préfecture qu'il importe de faire cesser. » La réforme législative dont nous parlerons plus loin permettra seule d'obvier aux inconvénients signalés.

III.

INSTRUCTION DES AFFAIRES.

Les articles 3, 4 et 5 du décret du 12 juillet 1865 indiquent sommairement la part qui revient au rapporteur et au conseil de préfecture

---

nécessaire pour délibérer, ou vider un partage. Le choix ne pourra jamais tomber sur les membres des tribunaux qui font partie des conseils généraux de département. »

1. Le conseil de préfecture s'est complété de la même façon lors de deux vacances qui s'y sont produites.

2. Dans la Meuse, on a dû renoncer au bénéfice de cette disposition, les membres du conseil général du chef-lieu ou des cantons voisins étant sénateurs, députés, membres de tribunaux ou de cour d'appel. Voici comment s'exprime le vice-président du conseil de préfecture de la Mayenne : « Les conseillers généraux que nous appelons pour remplacer un collègue absent nous prêtent certainement leur concours avec une grande bonne volonté. Mais ceux qui habitent Laval sont peu nombreux, souvent absents ou empêchés par leurs affaires personnelles. »

Dans l'Ain, « deux conseillers généraux seulement résident au chef-lieu ; l'un est avocat, l'autre imprimeur journaliste ; tous deux sont très-occupés par leur profession. »

dans l'instruction des affaires contentieuses. Nous croyons devoir en rappeler les termes :

« Art. 3. Le rapporteur est chargé, sous l'autorité du conseil de préfecture, de diriger l'instruction de l'affaire ; il propose les mesures et les actes d'instruction.

« Avant tout, il doit vérifier si les pièces, dont la production est nécessaire pour le jugement de l'affaire, sont jointes au dossier.

« Art. 4. Sur la proposition du rapporteur, le conseil de préfecture règle les communications à faire aux parties intéressées, soit des requêtes et mémoires introductifs d'instance, soit des réponses à ces requêtes et mémoires.

« Il fixe, eu égard aux circonstances de l'affaire, le délai qui est accordé aux parties pour prendre communication des pièces et fournir leurs défenses ou réponses.

« Art. 5. Les décisions prises par le conseil pour l'instruction des affaires dans les cas prévus par l'article précédent sont notifiées aux parties dans la forme administrative.

« Il est donné récépissé de cette notification. A défaut de récépissé, il est dressé procès-verbal de la notification par l'agent qui l'a faite.

« Le récépissé ou le procès-verbal est transmis immédiatement au greffe du conseil de préfecture. »

Des critiques ont été formulées contre ce mode d'instruction. Le vice-président de la Haute-Savoie pense qu'il est « anormal que le conseil de préfecture instruise lui-même les procès et que les parties soient obligées d'endosser la responsabilité des actes de procédure auxquels elles n'ont pas participé ».

Le vice-président de la Drôme dit également : « La procédure prescrite par le décret des 12-18 juillet 1865 n'est point suffisante et renferme une anomalie qui mérite d'être signalée. Il résulte, en effet, des dispositions de ce décret que le conseiller, rapporteur d'une affaire, est chargé d'instruire lui-même cette affaire. Il semble qu'il y ait là un vice auquel il faudrait remédier, car le juge qui est appelé à donner une décision devrait être étranger à l'instruction de l'affaire soumise à son jugement. Instruire et juger sont deux termes inconciliables, deux choses que la justice et la raison séparent, et c'est ce que le décret de 1865 n'a point compris [1]. »

---

1. Il y a ici une équivoque. Le mot « instruction » n'a pas, dans le décret de

Le décret de 1865 ne donne peut-être pas au conseiller rapporteur, dans l'instruction, le rôle prépondérant qu'on paraît lui attribuer. Le rapporteur n'est pas un juge d'instruction, il n'instruit pas l'affaire dans tel ou tel sens ; il est seulement chargé de « diriger l'instruction [1] », une instruction par écrit, et d'en assurer la régularité. Lorsqu'une partie invoque un titre, demande l'interprétation d'un traité, il vérifie si ce titre, si ce traité a été produit [2]. Il « propose les mesures et les actes d'instruction [3] » et le conseil de préfecture admet ou réprouve ses propositions ; mais les parties restent maîtresses de déposer telles conclusions, de faire telles productions qu'elles jugent utiles. Le rapporteur ne peut refuser ni les unes, ni les autres, et il est tenu de les communiquer à la partie adverse. Les droits des intéressés ne sont-ils pas suffisamment garantis [4] ?

Quant à l'intervention du conseil lui-même dans l'instruction, il faut ou l'accepter ou créer, devant la juridiction administrative, des officiers ministériels, c'est-à-dire priver les justiciables de la célérité et de l'économie que leur assure l'organisation actuelle. D'ailleurs ce n'est qu'au point de vue théorique qu'elle peut être critiquée, car le vice-président de la Haute-Savoie ajoute : « Je n'ai pas remarqué que ce mode de procéder donnât lieu à de sérieux inconvénients dans la pratique [4]. »

Pour les affaires de contraventions le conseil contrôle et complète l'instruction commencée par les agents de l'administration [5].

Les réclamations en matière de contributions directes et de taxes assimilées sont instruites par la direction des contributions dans la forme indiquée par les lois spéciales à la matière et les affaires de cette

---

1865, le même sens que dans le Code d'instruction criminelle. Il signifie « procédure », et si le conseiller rapporteur dirige la procédure, c'est qu'il n'y a devant les conseils de préfecture ni avoué, ni agréé, ni officier ministériel. On peut donc reprocher au rédacteur du décret de 1865 d'avoir employé un mot inexact, mais non pas, à notre avis, d'avoir méconnu un principe.

1. Décret du 12 juillet 1865, art. 3, § 1er.

2. Décret du 12 juillet 1865, art. 3, § 2.

3. Décret du 12 juillet 1865, art. 3, § 1er.

4. « C'est le président ou le conseiller rapporteur qui dirige l'instruction. Il invite l'administration à produire toutes les pièces qui lui paraissent utiles. Le juge civil, au contraire, n'agit jamais que sur la sollicitation des parties, et il faut qu'il en soit ainsi à moins de lui faire perdre son véritable caractère. Au point de vue seul de la rapidité de la procédure, il y a tout bénéfice à ce que le conseil de préfecture ait des pouvoirs plus étendus, et l'intérêt supérieur qui demande une justice éclairée trouve aussi là des garanties que n'offriraient pas les tribunaux judiciaires. » (A. Lavallée, *Rapport*, p. 63.)

5. Décret du 12 juillet 1865, art. 8.

nature ne parviennent au greffe que lorsqu'elles sont en état d'être jugées. On a signalé les inconvénients d'une procédure qui échappe à la direction du conseil contrairement au vœu du législateur de 1865 [1]: lorsqu'une des formalités requises n'a pas été accomplie ou qu'une des questions soulevées dans la requête n'a pas été examinée, le rapporteur est obligé de renvoyer le dossier aux agents de l'administration. C'est là une des causes de retard dont nous aurons à nous occuper tout à l'heure.

L'instruction semble être régulière, sinon rapide, dans la plupart des départements. Elle est faite par le greffe [2] à la diligence du rapporteur et sous le contrôle du vice-président et du conseil. Dans le département de la Seine, les notes préparées par les rapporteurs sont contresignées par le président.

Le délai imparti par les ordonnances de soit-communiqué est de quinze jours dans la Seine. Il est de dix jours seulement dans le Rhône.

Le greffe est l'auxiliaire du conseil pour la partie matérielle de l'instruction ; aussi doit-il avoir une organisation indépendante de celle des bureaux administratifs.

Le greffe du conseil de préfecture de la Seine se compose d'un secrétaire-greffier, ayant actuellement rang de chef de bureau, de deux sous-chefs, d'un commis principal (commis-greffier), de six commis-rédacteurs, de cinq commis-expéditionnaires et de trois employés auxiliaires [3].

---

1. Le vice-président du Calvados se plaint que rien n'établisse la remise de l'avis de dépôt au contribuable, lorsque l'administration propose le rejet de la réclamation. Dans la Seine cet avis est envoyé par la poste. Non retourné, il est considéré comme parvenu au destinataire. Ce mode de procéder oblige le contribuable à payer les frais de poste.

2. Dans le Calvados, « l'instruction qui se faisait jadis par l'intermédiaire des bureaux de la préfecture, au grand préjudice de la marche rapide des affaires, est, depuis quelques mois, dirigée par le conseil, grâce à l'adjonction au greffier d'un employé expéditionnaire. » Dans la Somme, l'instruction est encore confiée aux bureaux de la préfecture; seules, les affaires de travaux publics, « introduites directement au conseil, sont instruites par le greffe ».

3. D'après le règlement préfectoral du 20 avril 1863 (art. 3), virtuellement abrogé par le décret du 12 juillet 1865, mais dont on peut regretter certaines dispositions, le greffe du conseil de préfecture de la Seine comprenait : 1° un secrétaire-greffier (chef de bureau); 2° deux sous-chefs, dont l'un assistait le secrétaire-greffier dans la direction du greffe et le remplaçait au besoin dans les séances générales, et l'autre était spécialement attaché au cabinet du président ; 3° trois commis principaux, dont deux remplissaient les fonctions de commis-greffiers auprès des deux sections du conseil, tandis que le troisième était chargé

Le greffe du conseil de préfecture du Rhône comprend un secrétaire-greffier (chef de bureau), un sous-chef et deux employés. Dans 27 autres départements le secrétaire-greffier a un ou plusieurs employés sous ses ordres[1].

Il est regrettable que la pénurie du fonds d'abonnement dans certaines préfectures n'ait pas permis d'instituer un secrétaire-greffier conformément aux prescriptions de la loi du 21 juin 1865[2].

Dans quinze départements[3] les attributions du secrétaire-greffier sont confiées à un chef de division, à un chef de bureau ou à un employé chargé déjà d'un service très-différent, tel que le bureau du service vicinal, celui des travaux publics, le bureau des communes, le contentieux, la comptabilité, etc. Dans quelques autres, le secrétaire-greffier, tout en s'occupant principalement des affaires du conseil, est en outre chargé de tout ce qui touche aux réclamations en matière de contributions directes, y compris celles qui s'adressent à la juridiction gracieuse du préfet[4].

L'employé de la préfecture qui fait fonctions de secrétaire-greffier dans les Hautes-Alpes touche de ce chef un traitement annuel de 225 fr., prélevé partie sur le fonds d'abonnement, partie sur les fonds départementaux. Le secrétaire-greffier de l'Ariége reçoit 200 fr. sur le fonds d'abonnement ; celui des Côtes-du-Nord, 300 fr. sur le même fonds ; celui du Gers, 400 fr. sur les fonds départementaux.

Cette situation ne laisse pas indifférents les vice-présidents des conseils de préfecture. Celui de la Lozère fait ressortir, en invoquant l'autorité de Chauveau-Adolphe, l'importance du rôle du secrétaire-

---

des fonctions de secrétaire du parquet; 4° des commis (rédacteurs), expéditionnaires et auxiliaires en nombre suffisant pour les besoins du service.

Ce cadre, moins étroit que le cadre actuel, avait permis de doter suffisamment les divers services du greffe et de faire face à un travail considérable et qui n'a pas cessé de s'accroître depuis 1863.

1. Parmi ces employés, 7 ont le titre de commis-greffier. — Nous empruntons une partie de ces détails et de ceux qui suivent au compte rendu d'une enquête officieuse à laquelle s'est livré M. Adert, secrétaire-greffier du Gard, sur la situation des greffes des conseils de préfecture au mois d'août 1879.

2. « Art. 7. — Il y a auprès de chaque conseil un secrétaire-greffier nommé par le préfet et choisi parmi les employés de la préfecture. »

3. Hautes-Alpes, Ardèche, Ariége, Corrèze, Corse, Côtes-du-Nord, Doubs, Eure, Eure-et-Loir, Finistère, Loir-et-Cher, Haute-Loire, Lozère, Belfort, Deux-Sèvres, Tarn.

4. Le secrétaire-greffier de la Haute-Marne « est même chargé, en sus de ses attributions, de la statistique et des mercuriales ». (Renseignements recueillis par M. Adert, secrétaire-greffier du Gard.

greffier et insiste sur la nécessité d'un greffe distinct des bureaux, notamment pour la communication des pièces sans déplacement[1].

Dans le département d'Ille-et-Vilaine, qui possède un secrétaire-greffier, c'est l'installation matérielle du greffe qui laisse à désirer. « Par suite de la reconstruction d'une partie de la préfecture, le même local sert à la fois de greffe, de salle d'audience, de salle de délibéré, de lieu de travail pour les conseillers, de salle d'adjudications, de commissions et de bibliothèque. » Entre autres inconvénients graves qui résultent de cet état de choses, il faut signaler la difficulté de travailler pour les conseillers, l'impossibilité pour les avocats de prendre connaissance des dossiers au greffe et par suite le déplacement habituel de ces dossiers; l'obligation de remettre à huitaine le prononcé de tous les arrêtés, le conseil ne pouvant délibérer séance tenante.

Les conseils de préfecture ont quelque mérite à fonctionner régulièrement dans des conditions aussi défavorables et si différentes de celles qui sont faites aux tribunaux civils.

IV.

RETARDS QUI ONT PU ÊTRE SIGNALÉS; MOTIFS; MOYENS DE LES PRÉVENIR.

Sauf dans deux départements[2], la statistique révèle et les rapports des vice-présidents signalent des retards dans l'instruction et dans le jugement des affaires contentieuses.

Quelques-uns sont purement apparents[3]. Quand les conseils de préfecture, après avoir statué sur plus de 400,000 affaires contentieuses[4],

---

1. L'article 7 du décret du 12 juillet 1865 interdit en principe le déplacement des dossiers; la circulaire ministérielle du 21 juillet ne l'autorise que dans des cas exceptionnels. Le président du conseil de préfecture de la Seine s'est toujours montré opposé à ce déplacement et nous ne connaissons, depuis douze ans, que deux cas où il ait été autorisé. Tous deux sont antérieurs à 1871.

2. Allier, Corrèze.

3. Rapports, Bouches-du-Rhône, Seine.

4. 399,779 affaires contentieuses jugées en 1876; 413,156 en 1877; 410,929 en 1878.

laissent à juger, au 31 décembre, environ 50,000 affaires[1], on ne peut prétendre que ce chiffre représente un arriéré[2].

Dans ce nombre, figurent, en effet, toutes les affaires entrées dans les deux ou trois derniers mois de l'année et dont l'instruction n'a pu être achevée. Pour les contributions directes spécialement, un grand nombre de requêtes sont déposées à la fin de l'exercice : elles s'appliquent à des rôles supplémentaires, ou bien sont motivées par des faits postérieurs à la publication du rôle, tels que décès, faillite des contribuables, démolition de l'immeuble imposé, etc.; elles doivent subir, après les délais de l'instruction, l'examen du président, du rapporteur, du commissaire du Gouvernement sans parler de la régularisation de la procédure, des suppléments d'instruction et de l'expertise. Il y a donc nécessité d'en reporter le jugement d'une année sur l'autre.

Les comptes de gestion, déposés au greffe dans le courant du mois de septembre, ne peuvent non plus être jugés, après examen et vérification, qu'au commencement de l'année suivante.

Il y a malheureusement des retards plus réels : les uns résultant des conditions de fonctionnement des conseils de préfecture, les autres imputables à l'administration, aux maires et aux conseils municipaux, aux parties et à leurs mandataires, enfin aux experts.

Dans les départements où le conseil de préfecture ne se compose que de trois membres, et c'est la grande majorité[3], l'absence d'un seul conseiller met le tribunal dans l'impossibilité de siéger[4]. La suppléance par un conseiller général présente, nous l'avons dit, des difficultés et des inconvénients.

Nous avons vu aussi que les conseils de préfecture sont obligés

---

1. En 1876, 50,893, dont 32,820 comptes de gestion et 15,829 contributions directes; en 1877, 49,802, dont 34,078 comptes de gestion et 15,078 contributions directes; en 1878, 52,100, dont 33,317 comptes de gestion et 16,080 contributions directes.

2. Il serait d'ailleurs peu élevé si on le comparait à celui des affaires renvoyées à l'année suivante par les tribunaux civils. Ceux-ci ont jugé, en 1877, 134,670 affaires, et en 1878, 132,924 affaires, laissant en arrière 26,159 affaires pour 1877 et 26,257 pour 1878, c'est-à-dire près d'un cinquième du nombre des affaires jugées. (Rapports du garde des sceaux, ministre de la justice, *Journal officiel* du 25 août 1879 et *Gazette des tribunaux* du 16 septembre 1880.) Pour les conseils de préfecture, la proportion entre les affaires restant à juger et les affaires jugées ne serait guère que d'un huitième.

3. Dans 31 départements le conseil de préfecture se compose de 4 membres. Dans la Seine il se compose de 9 membres, y compris le président. Dans tous les autres départements il ne comprend que 3 membres.

4. Basses-Pyrénées.

d'espacer ou de suspendre leurs séances pendant la tournée du conseil de révision; que certains conseils de préfecture occupent la même salle que le conseil général et cessent de siéger pendant la session de celui-ci; que plus d'un greffe est organisé d'une manière défectueuse, enfin que, dans le Jura, sur trois conseillers, un a rempli pendant l'année 1879 les fonctions de sous-intendant militaire, l'autre a fait partie, pendant cette même année, de la commission départementale « des recherches et des traitements phylloxériques »[1].

Outre les attributions contentieuses ou administratives des conseils de préfecture, les membres de ces conseils exercent ou peuvent exercer individuellement, aux termes de la loi, un certain nombre de fonctions administratives, soit de plein droit, soit par délégation du préfet ou du secrétaire général de la préfecture. Ce sont, par exemple, la suppléance du préfet en cas d'absence ou d'empêchement, le remplacement provisoire du préfet en cas de décès, l'assistance au conseil de révision et, s'il y a lieu, la suppléance du préfet comme président; la suppléance d'office des sous-intendants militaires dans les chefs-lieux de département où il n'existe pas de sous-intendant titulaire; la présidence, par délégation du préfet, de la commission chargée de récoler le mobilier de la préfecture et celui de l'archevêché ou évêché[2]; la présidence, également par délégation du préfet, du jury du concours pour les bourses départementales[3].

« Indépendamment des cas prévus par des dispositions spéciales, les préfets délèguent, dans l'usage, des conseillers de préfecture pour se faire remplacer dans un très-grand nombre d'opérations administratives; ils les délèguent aussi fréquemment pour remplacer les sous-préfets[4]. »

---

1. « Quelques retards dans l'expédition des affaires pourraient être signalés, dit le vice-président du conseil de préfecture de la Mayenne; ils tiennent à un seul motif, le nombre trop restreint du personnel administratif. En janvier il est souvent difficile d'avoir une audience publique, M. le Secrétaire général étant absent pour les opérations du tirage. En avril et mai, un des conseillers accompagne M. le Préfet dans la tournée de révision. D'un autre côté, par des motifs de haute convenance, nous hésitons à demander à la bienveillance de M. le Préfet sa présence à nos audiences publiques. »

Dans l'Ain, « depuis 1870, il n'est guère d'usage que les préfets siégent au conseil de préfecture; ils croient en cela se conformer à l'esprit de la loi et à l'opinion publique ». Le rapport du vice-président de l'Ain cite la délégation à la sous-intendance militaire comme une cause de retard.

2. Voy. A. Lavallée, *Rapport*, p. 302 à 304.

3. Décret du 25 juillet 1819, art. 7 et 9.

4. A. Lavallée, *Rapport*, p. 304.

Dans le Rhône, le préfet a délégué aux conseillers de préfecture la signature des mandats, des légalisations, etc.; la présidence des commissions ou des adjudications leur est souvent dévolue, lorsque le secrétaire général chargé de l'administration est empêché.

Dans le département de la Seine, où le préfet, le secrétaire général de la préfecture et le préfet de police ne peuvent suffire à remplir les fonctions qui leur sont attribuées, les délégations faites aux conseillers sont extrêmement nombreuses. Nous énumérerons seulement les principales, en reproduisant quelques chiffres relevés en 1877 et qui ont subi depuis, pour la plupart, une forte augmentation :

Adjudications[1], 516.

Présidence du tirage au sort de la classe (20 arrondissements de Paris; arrondissements de Sceaux et de Saint-Denis : 22 séances).

Conseil de révision (un président et un assesseur; — 16,000 hommes de la Seine et 7,000 des départements : 35 séances).

Tirage des emprunts municipaux et départementaux (30 séances, non compris les séances de mise en roues, vérifications, etc.).

Signature des actes de l'état civil reconstitués, 360,000.

Signature des actes ordinaires, 35,000.

Signature de la correspondance et des pièces de comptabilité, 130,000.

Signature et paraphe des registres de l'octroi, 60,000.

Des conseillers de préfecture sont habituellement délégués pour présider les conseils d'arrondissement de Sceaux et de Saint-Denis, ainsi que diverses commissions et adjudications au lieu et place des sous-préfets de Sceaux et de Saint-Denis[2]; pour présider la commission chargée de juger les résultats du concours fondé par M. Crozatier; pour faire partie des commissions chargées de contrôler les opérations des loteries, de la commission d'examen des candidats aux emplois de commissaire de police.

Citons encore : vérification des écritures des collèges municipaux; présidence des opérations électorales pour le renouvellement du tribunal de commerce; présidence de la commission chargée du recen-

---

1. Sans compter les adjudications faites à la préfecture de police. Les adjudications de l'État, du département et de la ville de Paris exigent, suivant les cas, la présence d'un ou de trois conseillers. Celles de la préfecture de police, toujours présidées par le préfet ou par le secrétaire général, n'en réclament que deux.

En 1879, le nombre des adjudications s'est élevé à 767.

2. Les sous-préfectures de Sceaux et de Saint-Denis ont été supprimées par une loi du 2 avril 1880.

sement général des votes pour le renouvellement des conseils de prud'hommes, installation des membres élus ; actes administratifs relatifs à l'acquisition de terrains, conformément à l'article 56 de la loi du 3 mai 1841, etc. [1].

Enfin un conseiller de préfecture de la Seine est délégué du préfet à la commission des logements insalubres ; un autre est membre titulaire de la commission chargée d'examiner les demandes relatives aux bureaux de tabac de 2e classe.

On ne parviendrait à décharger les conseils de préfecture d'une partie des délégations [2] qu'en augmentant le personnel de ces conseils [3], ou en créant des emplois de conseillers suppléants. C'est une question sur laquelle nous aurons à revenir.

Une quinzaine de rapports seulement mentionnent des retards imputables aux services administratifs [4], qu'il s'agisse des bureaux [5], du service des domaines [6], du service des ponts et chaussées [7] ou des agents des contributions directes [8].

L'importance et la difficulté des questions soulevées, la longueur des

---

1. On peut dire que les délégations faites aux conseillers de préfecture n'ont d'autres limites que celles mêmes des attributions du préfet, du secrétaire général et des sous-préfets. Ainsi, pour citer un exemple, M. Émile Laurent, président du conseil de préfecture de la Seine, a été chargé, au mois d'août 1880, de présider, en remplacement du préfet empêché, la distribution des prix de l'école professionnelle d'Ivry (école Pompée). — Le 20 octobre 1880, un membre du conseil de préfecture de la Seine présidait le tirage de l'emprunt municipal de 1871 ; deux prenaient part, l'un en qualité de président, l'autre en qualité d'assesseur, aux travaux du conseil de révision ; un donnait la signature par délégation du préfet et du secrétaire général ; trois enfin siégeaient à l'audience. Ainsi les nécessités du service exigeaient, le même jour, la présence de sept membres du conseil sur neuf.

2. Un vice-président va jusqu'à demander que les conseillers de préfecture soient exonérés de toutes les délégations administratives.

3. Le nombre des conseillers de préfecture de la Seine a été porté de huit à neuf, y compris le président, par la loi du 23 mars 1878. La création d'un dixième siège permettrait de diviser le conseil en trois sections, et, sans autre accroissement de personnel, d'augmenter d'un tiers le nombre des séances.

4. Ardennes, Loire.

5. Dans l'Ille-et-Vilaine quelques retards ont pu, mais exceptionnellement, être attribués aux bureaux des sous-préfectures. — Dans le département de la Seine, « les retards imputables aux bureaux administratifs sont régulièrement signalés, chaque mois, au préfet ».

6. Charente-Inférieure.

7. Basses-Alpes, Charente-Inférieure, Haute-Garonne, Indre, Yonne.

8. Aveyron, Calvados, Cantal, Sarthe, Seine, Deux-Sèvres. — Dans l'Indre, l'instruction confiée aux agents des contributions directes est faite rapidement. — Le vice-président de la Lozère se loue du concours des ingénieurs du service vicinal et des agents des contributions directes.

recherches qu'elles nécessitent, peuvent servir d'excuse au service des domaines ; le nombre considérable des affaires à traiter explique les retards des autres services. De plus, les agents des contributions directes se croient souvent obligés, dans l'intérêt du fisc, de retarder la solution des instances pour s'assurer que le réclamant n'a pas repris l'exercice de la profession qu'il prétend avoir abandonnée, ou pour vérifier l'exactitude d'allégations analogues [1].

Dans le département de la Seine, la lenteur de l'instruction en matière de contributions directes tient à deux causes : d'abord la multiplicité des affaires, puis l'existence d'un bureau administratif qui sert d'intermédiaire entre la direction et le conseil, bureau par lequel passent tous les dossiers à l'aller et au retour [2].

Le conseil de préfecture de la Corse paraît être le seul qui ait eu sérieusement à se plaindre du retard des comptables dans le dépôt de leurs comptes. « 171 comptes seulement de l'année 1878, sur 363, ont été déposés en 1879 au greffe du conseil ; ... Les arrondissements en retard sont ceux de Bastia et de Corte ; ce dernier est aussi en retard pour les comptes de 1877 et trois comptables n'ont pas même encore déposé leurs comptes de 1876. Le conseil s'est ému de cette situation et n'a pas hésité à prononcer contre les retardataires, vainement mis en demeure, l'amende édictée par la loi du 18 juillet 1837. » En outre, le préfet a appelé sur ce point l'attention du trésorier-payeur général et lui a demandé ses propositions pour mettre fin à cet état de choses. Dans le cas où invitations et amendes resteraient sans effet, « peut-être devrait-on », ajoute le rapport, « nommer des agents d'office ».

Un arriéré dans le jugement des comptes s'est produit dans le Finis-

1. Aveyron.

2. Cette cause de retard était signalée, dès 1869, par M. Dieu, alors président du conseil de préfecture de la Seine, dans un *Projet de loi sur la procédure devant les conseils de préfecture* (p. 96) ; mais l'administration préfectorale s'est crue liée par les termes de la loi du 21 avril 1832 (art. 28 et 29), qui confie au préfet l'instruction des réclamations en matière de contributions directes. On pourrait cependant soutenir que l'article 1er du décret du 12 juillet 1865 a donné aux réclamants le droit de déposer leur requête au greffe, en matière de contributions directes comme en toute autre matière. Au surplus, le greffe est un bureau de la préfecture et il résulte de renseignements fournis par l'administration des contributions directes qu'en fait, dans la plupart des départements, c'est ce bureau qui est chargé, sous la direction du conseil, de faire instruire les demandes des contribuables. Il serait à désirer qu'il en fût ainsi dans le département de la Seine. (Rapport du président du conseil de préfecture de la Seine, *passim.*)

tère, mais non plus par la faute des comptables. « Depuis ces dernières années, le personnel du conseil dans le Finistère a subi de nombreux et fréquents changements. » Chacun des conseillers qui, à peine installés, étaient déplacés ou remplacés, a laissé « un arriéré qui est allé grossissant de jour en jour et qui retombe aujourd'hui lourdement sur les conseillers actuels. Ce fait s'est surtout produit durant la période du 16 mai. » Le conseil se déclare disposé à faire tout ce qui sera en son pouvoir « pour améliorer une si regrettable situation ».

En matière de comptabilité, du reste, les conseils de préfecture disposent de moyens coercitifs à l'égard des comptables inactifs ou récalcitrants [1].

Les retards dans l'instruction des affaires communales sont moins faciles à prévenir. Les maires répondent rarement dans les délais impartis [2] ou répondent d'une manière confuse et qui rend nécessaires des suppléments d'instruction [3]. Tantôt ils négligent de se pourvoir en temps utile de l'autorisation du conseil municipal [4], tantôt ils omettent de joindre à leur mémoire en défense la délibération qui les autorise [5], ou bien encore ils se bornent à produire cette délibération sans l'accompagner de leurs conclusions. Parfois ces retards semblent être systématiques [6]; mais généralement il y a chez les maires plus d'inexpérience que de mauvais vouloir [7].

Peut-être serait-il opportun que les préfets et les sous-préfets appelassent l'attention des maires sur l'intérêt qu'a leur commune, aussi bien au point de vue matériel qu'au point de vue moral, à ne pas rester indéfiniment sous le coup d'un procès [8]. Si, comme on l'a dit, l'État doit être le plus honnête homme de France [9], les administrations municipales ne sauraient mieux faire que de se proposer le

1. Loi du 18 juillet 1837, art. 68.

2. Ain, Charente-Inférieure, Dordogne, Eure, Ille-et-Vilaine, Loir-et-Cher, Loire, Loiret, Seine-et-Marne, Seine-et-Oise. — Dans le département de Loir-et-Cher, une réclamation formée contre une commune n'a pu être jugée parce que le maire « a refusé jusqu'à ce jour, et malgré de nombreuses lettres de rappel, de fournir les renseignements indispensables qui lui ont été demandés par le conseiller rapporteur ».

3. Dordogne, Haute-Savoie.

4. Ain, Loire, Loiret, Vosges.

5. Seine-et-Oise.

6. Dordogne.

7. Dordogne, Eure.

8. Seine-et-Marne.

9. Conférences sur l'administration et le droit administratif, par M. Aucoc.

même idéal. D'autre part, lorsque la commune perd son procès, elle est habituellement condamnée à payer les intérêts de la somme allouée au demandeur : ces intérêts sont nécessairement plus élevés à proportion de la durée de l'instance. Ce sont là des principes élémentaires, mais dont un certain nombre de maires ne paraissent pas suffisamment pénétrés.

Le conseil de préfecture pourrait sans doute, en présence de l'inaction du maire, condamner la commune par défaut ; c'est une extrémité à laquelle il ne se résout pas volontiers. Dans ce cas, le maire ne fait opposition qu'à la veille de l'exécution du jugement, et les délais, au lieu d'être abrégés, sont prolongés.

Les particuliers ne comprennent pas toujours non plus leurs véritables intérêts[1], et les demandeurs, dans les affaires d'associations syndicales, par exemple, semblent quelquefois aussi peu pressés que les défendeurs de faire aboutir l'instance engagée[2]. « C'est qu'en général les travaux de défense contre les dévastations des torrents nécessitent des dépenses très-considérables, et la plupart des petits propriétaires englobés dans l'association syndicale ont peine à admettre que, pour un danger éventuel qui peut-être ne se présentera qu'une fois en cinquante ans, on vienne leur demander de contribuer pendant plusieurs années consécutives pour une somme souvent égale ou supérieure au rendement annuel de leurs propriétés ; aussi, lorsqu'ils réclament soit contre le projet de classement, soit contre la fixation des limites du périmètre syndical, ont-ils surtout pour but de retarder l'exécution

1. Aisne, Ardèche, Aude, Hautes-Alpes, Aveyron, Corse, Isère, Ille-et-Vilaine, Loire-Inférieure, Loiret, Marne, Morbihan, Haut-Rhin, Savoie, Seine, Seine-et-Oise, Vaucluse, Haute-Vienne.

2. Le vice-président du conseil de préfecture de Vaucluse propose d'exiger le dépôt en double expédition de la requête introductive d'instance et d'obliger le demandeur à produire la copie de toutes autres pièces que le conseil jugerait nécessaires, notamment du procès-verbal d'expertise. La production des requêtes et conclusions en double exemplaire était prescrite, dans le département de la Seine, par le règlement préfectoral de 1863 ; le greffe continue de la réclamer officieusement aux parties, qui la refusent rarement. Il a dû renoncer à l'obtenir des administrations, pour lesquelles, étant donné le nombre des affaires qu'elles ont à suivre, elle constituerait une lourde charge. La même raison empêche de demander une copie des procès-verbaux d'expertise et des pièces produites. Aussi, lorsque le dossier a été communiqué à l'administration, le tribunal ne peut, jusqu'à ce que celle-ci l'ait renvoyé, donner aucune suite à l'affaire.

L'article 8 du projet de loi sur la procédure préparé en 1870 soumettait les particuliers et l'administration à l'obligation de produire une copie sur papier libre de leurs requêtes. (Voy. A. Lavallée, *Rapport*, p. 180.)

des travaux et l'époque de l'émission des rôles. De son côté, la commission syndicale, souvent effrayée du chiffre de la dépense que lui font pressentir les avant-projets des ingénieurs, n'est pas fâchée d'en voir différer la réalisation. La conséquence de ce mauvais vouloir systématique et réciproque est la mise en œuvre de toutes les exceptions dilatoires que peut fournir aux parties l'arsenal de la procédure[1]. Mais ces retards, sans doute regrettables au point de vue de l'intérêt général, sont cependant de ceux dont personne ne se plaint[2]. »

Dans l'Aveyron, les parties croient « qu'après avoir adressé leur mémoire au préfet et désigné leur expert, elles n'ont plus qu'à attendre la notification de l'arrêté à intervenir ».

L'inertie est la même dans le département de la Seine : les rappels d'abord, puis la menace d'une radiation des registres, et au besoin l'inscription de l'affaire au rôle en l'état[3] finissent par avoir raison de l'indifférence des parties[4].

Plus éclairés que leurs commettants, les mandataires des parties, avocats ou avoués, se prêtent mieux aux nécessités de l'instruction. Toutefois on leur reproche d'attendre « jusqu'à la veille et quelquefois jusqu'au jour de l'audience pour prendre communication des dossiers »[5], de déposer alors de nouvelles conclusions qui nécessitent des suppléments d'instruction[6] ou de solliciter une remise de l'affaire[7].

Ces demandes ne sont accueillies par le conseil de préfecture de la Seine que lorsqu'elles s'appuient sur des motifs graves[8]. Sans cette

1. Le conseil de préfecture de la Seine a fait récemment, à l'occasion du syndicat des rues d'Alfortville, l'expérience des difficultés de toute nature que peuvent soulever les affaires d'associations syndicales.

2. Isère.

3. Le vice-président du Morbihan propose l'adoption de cette mesure que le conseil de préfecture de la Seine a appliquée avec succès dans les cas extrêmes, et dont il faut restreindre l'usage pour lui conserver toute sa valeur.

4. Le vice-président de Belfort propose d'instituer des délais de rigueur pour les principales phases de l'affaire. — Dans la Corrèze, la partie est prévenue par une lettre de rappel avant l'expiration du délai, afin qu'elle se mette immédiatement en règle.

5. Aisne.

6. Aisne.

7. Aisne, Ardèche, Aube, Bouches-du-Rhône, Loir-et-Cher, Loiret, Lozère, Meuse.

8. Dans la Lozère, les remises que le conseil a accordées avaient été « demandées, après entente préalable, par les parties ou leurs avocats ».

Dans le Loiret « la remise n'est prononcée que lorsqu'il y a commun accord des parties en cause ».

rigueur, le tribunal verrait souvent le rôle de l'audience réduit à quelques affaires de contraventions ou de contributions[1].

La responsabilité des retards les plus fréquents et en même temps les plus prolongés doit être attribuée aux experts désignés par les parties, conformément aux articles 56 de la loi du 16 septembre 1807 et 17 de la loi du 21 mai 1836[2]. On peut juger de la gravité du mal et de son étendue par la multiplicité des observations qu'il a provoquées[3] et par la vivacité de quelques-unes des critiques formulées.

Pour deux vice-présidents qui se déclarent satisfaits du concours des experts[4], un, tout en rendant justice au soin qu'ils apportent à leurs travaux, déclare que « les conseillers rapporteurs tiendront plus régulièrement la main à ce que les rapports soient déposés dans les délais fixés[5] », et quarante-huit[6] se plaignent de la lenteur avec laquelle les experts procèdent.

L'excuse qu'ils peuvent invoquer dans les Hautes-Alpes, où « il faut tenir compte des fréquentes et longues intempéries[7] », n'est pas de mise dans la plupart des départements. Et pourtant « ils ne procèdent souvent à l'expertise que longtemps après que leur nomination leur a été notifiée »[8]. Ils apportent dans l'accomplissement de leur mission « une lenteur désespérante »[9]. Dans l'Aube, « le conseil a dû, pour ne

---

1. Le conseil de préfecture n'a pas comme les tribunaux ordinaires, un rôle unique comprenant toutes les affaires en état, mais un rôle distinct proposé par le commissaire du Gouvernement et arrêté par le président pour chaque séance, en exécution de l'article 11 du décret du 12 juillet 1865. Grâce à ce mode de procéder, toutes les affaires inscrites à ce rôle sont discutées le jour même et la plupart du temps jugées ou tout au moins mises en délibéré.

2. Dans les départements du Gers, de Lot-et-Garonne, du Rhône et de Saône-et-Loire, c'est la seule cause de retard indiquée.

3. Ain, Aisne, Basses-Alpes, Hautes-Alpes, Alpes-Maritimes, Ardennes, Ariége, Aube, Aveyron, Belfort, Calvados, Charente-Inférieure, Corse, Creuse, Dordogne, Doubs, Drôme, Eure-et-Loir, Gard, Haute-Garonne, Gers, Hérault, Loir-et-Cher, Loire, Loire-Inférieure, Loiret, Lot-et-Garonne, Maine-et-Loire, Marne, Meuse, Oise, Puy-de-Dôme, Hautes-Pyrénées, Rhône, Saône-et-Loire, Sarthe, Savoie, Haute-Savoie, Seine-et-Marne, Seine-et-Oise, Somme, Tarn, Var, Vaucluse, Vendée, Haute-Vienne, Vosges, Yonne.

4. Cantal, Landes.

5. Bouches-du-Rhône.

6. Voir la note 3 ci-dessus.

7. « Il n'est pas rare », dit encore le vice-président des Hautes-Alpes, « de voir un expert ne déposer son rapport que longtemps après sa nomination, parce qu'il n'a pu se rendre sur les lieux dont l'accès est devenu impraticable. »

8. Aisne.

9. Alpes-Maritimes.

pas éterniser certaines affaires, passer outre et menacer quelques experts d'être remplacés d'office[1]... » Si le vice-président de la Marne se borne à leur reprocher « une trop sage lenteur », ses collègues de la Dordogne, du Doubs, du Gard, de la Loire, de la Loire-Inférieure, du Lot-et-Garonne, de l'Oise, du Puy-de-Dôme, des Hautes-Pyrénées, de Saône-et-Loire et du Tarn les accusent formellement de « négligence ».

De quels moyens les conseils de préfecture disposent-ils pour remédier à un mal aussi général?

Les avertissements et les rappels étant impuissants[2], plusieurs conseils se considèrent comme à peu près désarmés[3].

Quelques-uns se sont crus autorisés par divers arrêts du Conseil d'État à recourir au Code de procédure civile; mais l'application des dispositions relatives au remplacement des experts suppose l'intervention des parties[4] et celles-ci ne montrent guère d'initiative[5].

« Le conseil peut bien, comme il l'a fait maintes fois », écrit le vice-président des Alpes-Maritimes, « fixer aux experts un délai pour le dépôt

1. « Nous avons vu des instances se prolonger pendant dix années », dit le vice-président de Seine-et-Oise; « le procès-verbal de l'expertise n'était pas déposé. »

2. Gard, Haute-Garonne, Oise, Seine-et-Oise, Somme.

3. Alpes-Maritimes, Ardennes, Calvados, Eure-et-Loir, Gard, Haute-Garonne, Hérault, Loir-et-Cher, Puy-de-Dôme, Saône-et-Loire, Haute-Savoie, Seine-et-Oise, Somme, Tarn. — « Le conseil ne se regarde pas comme armé de pouvoirs suffisants. » (Doubs.)

« Le conseil est complètement désarmé en présence d'une pareille négligence; aucun règlement, aucune disposition législative ne l'autorise, en effet, soit à remplacer d'office les experts choisis par les parties, soit à leur infliger une amende ou toute autre responsabilité pécuniaire en cas de retard. » (Gard.)

« Les juges administratifs ont dû souvent regretter dans la pratique de n'être pas mieux armés en face de la négligence bien générale des experts et de ne pouvoir, tout en les révoquant de leurs fonctions et en mettant à leur charge les frais déjà faits par eux, leur appliquer une amende dont le chiffre serait assez élevé pour leur donner sérieusement à réfléchir. » (Puy-de-Dôme.)

« La législation existante ne fournit pas de moyens efficaces pour empêcher ces retards. » (Alpes-Maritimes.)

4. « Le conseil est impuissant à réprimer ces retards, heureusement assez rares, car, pour satisfaire aux prescriptions de la loi, il devrait inviter les parties à désigner de nouveaux experts et il pourrait arriver alors que, celles-ci refusant de faire une désignation nouvelle et persistant à maintenir leurs premières désignations, le conseil se trouvât en quelque sorte désarmé pour vaincre un tel mauvais vouloir. » (Hérault.)

5. « Pour prévenir les retards provenant de la négligence des experts, l'article 316 du Code de procédure civile est impuissant; du reste, il n'a jamais été invoqué devant nous et la fixation du délai imparti, sous peine de déchéance, est absolument inefficace. » (Hautes-Pyrénées.)

de leur rapport sous peine d'être remplacés par d'autres experts choisis par les parties et d'être déchus de tous droits à leurs honoraires, mais ce moyen reste le plus souvent sans effet[1], parce que, lorsque les experts se sont déjà livrés à de longues opérations, les parties intéressées ne désirent pas les voir recommencer par d'autres experts qui, selon toute probabilité, n'apporteront pas plus de célérité[2]. »

Le vice-président de l'Aveyron exprime la même pensée : « Il est difficile d'éviter ces lenteurs, bien que la loi donne au conseil le droit de révoquer l'expert négligent[3]. Une sanction moins sévère nous paraîtrait plus efficace et surtout plus pratique. Le tribunal hésite avant d'employer une mesure disciplinaire aussi rigoureuse que celle de la révocation et ce n'est pas sans raison, car le but qu'il poursuit est de donner aux affaires une solution aussi prompte que possible, et ce n'est pas en remplaçant un expert par un autre et en faisant courir de nouveaux délais qu'il peut atteindre ce résultat[4]. Par conséquent, ce moyen édicté par la loi ne remplit pas le but qu'elle s'est proposé. »

Les parties ont un autre motif pour ne pas solliciter un remplacement qu'elles ne sont pas assurées d'obtenir : elles craignent d'indisposer les experts[5].

Ceux-ci se rendent compte de leurs avantages et les menaces de remplacement ne les émeuvent que faiblement[6]. Le plus souvent, d'ailleurs, ces menaces seraient vaines; dans certains départements, « le nombre des experts est assez limité et bientôt on ne trouverait

---

1. « ..... Le conseil prend quelquefois sur lui de fixer, dans l'arrêté qui ordonne l'expertise, le délai que les experts ne devront pas dépasser. Cette innovation, dénuée de toute sanction légale, n'est pas admise sans critique et certains experts refusent de s'y conformer. Il en sera de même de tous autres moyens que les conseils de préfecture emprunteront au Code de procédure civile. » (Vosges.)

« Il est fâcheux que les conseils de préfecture ne se trouvent pas mieux armés contre une pareille mauvaise volonté. Une seule ressource leur est laissée, celle de confier l'expertise à un autre homme de l'art. Mais un temps considérable n'en est pas moins perdu. » (Tarn.)

2. Alpes-Maritimes, Aube, Aveyron, Puy-de-Dôme.

3. « La faculté que possède le conseil de retirer son mandat à un expert qui n'a pas remis son rapport dans le délai voulu, n'est pas un moyen efficace pour prévenir les retards. » (Ariège.)

4. « ..... La menace d'un choix d'experts nouveaux? Mais, outre que cette mesure est dispendieuse pour les parties, elle a pour effet d'interrompre les opérations quelquefois avancées et de créer ainsi d'autres retards. (Seine-et-Oise.)

5. Loire, Puy-de Dôme, Yonne.

6. Haute-Garonne.

personne à qui confier ces sortes d'opérations, si on éliminait ceux qui provoquent des retards[1]. »

En résumé, les experts échappent au contrôle des conseils de préfecture et ceux-ci ne tiennent de la loi, même en ayant recours au Code de procédure civile, que des moyens d'action illusoires. Diverses mesures ont été proposées par les vice-présidents pour suppléer à cette insuffisance de la législation : nous les examinerons dans la dernière partie de notre étude et nous aurons alors occasion de constater que la lenteur des opérations d'expertise n'est ni le seul, ni le plus sérieux inconvénient qu'entraîne le mode de désignation des experts établi par l'article 56 de la loi du 16 septembre 1807 ou par l'article 17 de la loi du 21 mai 1836.

Nous avons cru devoir nous étendre longuement sur les retards signalés dans l'instruction et dans le jugement des affaires soumises aux conseils de préfecture. Nous avions deux motifs pour le faire : l'intérêt que présente en soi une question qui touche à l'avenir même de la juridiction administrative, et la place importante que cette question occupe dans les rapports des vice-présidents.

---

1. Ardennes. — « On éprouve les plus grandes difficultés à trouver, pour ces opérations, des agents sérieux et capables. On ne peut donc songer à remplacer ceux qui montrent peu de hâte et l'on n'a d'autre ressource que de faire de fréquents appels à leur bonne volonté. » (Calvados.)

« Le recrutement des experts est fort difficile dans notre département. » (Creuse.)

« Le petit nombre des praticiens capables de remplir d'une manière satisfaisante le mandat d'experts, ne permet pas de stimuler le zèle de ceux que l'on emploie, par la crainte de voir nommer d'autres enquêteurs. » (Gers.)

« Les experts sont fort difficiles à trouver dans le département. » (Loiret.)

« Dans ce département la mission d'expert est moins que recherchée et le nombre des personnes instruites ou compétentes qui consentent à accepter cette mission est assez restreint. » (Marne.)

« Le choix des experts est très-limité. » (Haute-Savoie.)

CHAPITRE II.

Audiences. — Tenue, public, police, incidents.

I.

AUDIENCES.

« Les séances des conseils de préfecture statuant sur les affaires contentieuses sont publiques[1] », dit l'article 8 de la loi du 21 juin 1865[2].

L'article 5 de la loi du 28 pluviôse an VIII attribue au préfet la présidence du conseil de préfecture ; mais cette disposition a été, notamment dans ces dernières années, l'objet de nombreuses et très-vives critiques auxquelles, à plusieurs reprises, le législateur s'est préoccupé de donner satisfaction. Le projet de loi sur les conseils de préfecture élaboré, en 1870, par la commission extraparlementaire de décentralisation, créait, dans chaque conseil, un président qui présidait de droit pour les affaires contentieuses, et qui, pour les autres affaires, ne présidait qu'en cas d'absence du préfet. Le projet de loi présenté, la même année, par M. Josseau avait pour objet spécial d'enlever aux préfets la présidence des conseils de préfecture[3]. Enfin, le projet préparé en 1874 par la commission chargée d'étudier les bases d'un projet de loi relatif à l'organisation et aux attributions des conseils de préfecture, dispose, dans son article 4, que « le préfet cesse de présider le conseil de préfecture ».

Aucun de ces projets de loi n'ayant été définitivement voté ; les préfets sont restés, en droit, présidents du conseil de préfecture ; mais, en fait, soucieux des manifestations de l'opinion publique et appliquant

1. Sauf pour les comptes de gestion. (Art. 10 de la loi du 21 juin 1865.)

2. La publicité des audiences des conseils de préfecture statuant en matière contentieuse avait été établie par le décret du 30 décembre 1862. Elle fut consacrée par la loi du 21 juin 1865, dont les articles 9 et 10 reproduisent les termes des articles 1er et 2 du décret de 1862.

3. Ce projet fut voté par le Corps législatif, et il ne lui manqua, pour être converti en loi, que de recevoir, avant le 4 septembre, l'approbation du Sénat. (V. A. Lavallée, *Rapport*, p. 178.)

pour ainsi dire d'avance une loi qui ne saurait se faire attendre, ils laissent aux vice-présidents la présidence des séances publiques du conseil[1].

Dans le département de la Seine, les séances générales sont toujours présidées par le président dont la fonction spéciale, sans analogue dans les autres départements, a été créée par le décret du 17 mars 1863[2]. Les séances des sections sont présidées soit par le président, soit par les présidents de section[3].

Le secrétaire général de la préfecture remplit les fonctions de commissaire du Gouvernement. « Il donne ses conclusions dans les affaires contentieuses[4]. » En cas d'empêchement, il est suppléé par un conseiller de préfecture, délégué.

Dans le département de Seine-et-Oise, les fonctions de commissaire du Gouvernement sont remplies par un auditeur au Conseil d'État[5]. Elles sont remplies, dans le département de la Seine, par trois commissaires du Gouvernement[6].

1. Dans le département de l'Ain, le préfet n'a présidé, depuis 1870, que cinq ou six séances. — A Belfort, l'administrateur du territoire n'a présidé, en 1879, qu'une audience.

2. Depuis 1863, le préfet de la Seine n'a présidé aucune séance contentieuse du conseil de préfecture.

Avant cette époque, ou du moins en 1822, le préfet de police partageait avec le préfet de la Seine la présidence du conseil. C'est ce qui résulte d'un des considérants d'un avis du comité de législation du Conseil d'État en date du 22 novembre 1822 :

« Considérant que le préfet de police, à Paris, est chargé d'une partie de l'administration départementale ; qu'il présente son budget et ses comptes au conseil général du département ; qu'il préside le conseil de préfecture pour les affaires contentieuses de ses attributions et qu'il exerce ses fonctions sous l'autorité immédiate des ministres du roi.... » (V. *Dictionnaire général d'administration*, publié sous la direction de M. Alfred Blanche, 2e édition, article *Conflit*, par M. Boulatignier, p. 539, col. 1.)

3. Les conseillers chargés de présider les sections sont annuellement désignés par le préfet de la Seine, conformément aux décrets des 17 mars 1863 et 12 novembre 1871.

4. Loi du 21 juin 1865, art. 5, § 1er, et décret du 30 décembre 1862, art. 3, § 1er.

5. « Les auditeurs au Conseil d'État attachés à une préfecture peuvent y être chargés des fonctions de ministère public. » (Loi du 21 juin 1865, art. 5, § 2.)

Le conseil de préfecture de Seine-et-Oise est actuellement le seul qui bénéficie de cette disposition, empruntée à l'article 3, § 2, du décret du 30 décembre 1862. Avant 1870, un certain nombre d'autres départements avaient des auditeurs faisant fonctions de commissaires du Gouvernement. Depuis, quelques-uns ont demandé le rétablissement de la fonction ; mais il n'a pas été donné suite à ces demandes, le nombre des auditeurs étant très-restreint et les conseils généraux se montrait peu disposés à inscrire au budget départemental l'indemnité autrefois allouée aux auditeurs détachés.

6. Un décret du 14 mars 1863 ayant attaché à la préfecture de la Seine quatre

La procédure des audiences est réglée par l'article 9 de la loi du 21 juin 1865 : « Après le rapport qui est fait sur chaque affaire par un des conseillers, les parties peuvent présenter leurs observations, soit en personne, soit par mandataire.

« La décision motivée est prononcée en audience après délibéré hors de la présence des parties. »

Ces prescriptions sont rigoureusement observées : le président « déclare la séance ouverte et invite le greffier à appeler les affaires inscrites au rôle [1] ». Après que le conseiller rapporteur a lu son rapport, les parties, leurs mandataires ou leurs avocats, sont invités à présenter leurs observations orales; puis la parole est donnée au commissaire du Gouvernement pour ses conclusions.

On n'est pas admis à répliquer au commissaire du Gouvernement [2]. L'instruction étant écrite et les parties ou leurs représentants n'étant admis à développer que les moyens énoncés dans leurs requêtes et conclusions, il ne saurait y avoir de surprises d'audience [3].

L'affaire est mise en délibéré, et l'arrêté est rendu soit à la même

---

auditeurs au Conseil d'État, un arrêté en date du 4 mai 1863 les a répartis entre les deux sections du conseil de préfecture réorganisé.

Le nombre de ces auditeurs, renouvelés par le mouvement d'avancement général du Conseil d'État, a été maintenu jusqu'au 15 septembre 1870. A ce moment, l'un d'entre eux donna sa démission et ne fut pas remplacé. Les trois autres, après la suppression du Conseil d'État, continuèrent en vertu d'un arrêté du membre du gouvernement de la Défense nationale, délégué à l'administration du département de la Seine, à remplir leurs fonctions de commissaires du Gouvernement près le conseil de préfecture.

Un arrêté du Chef du pouvoir exécutif, en date du 14 juillet 1871, régularisa cette situation provisoire, et un décret du Président de la République, du 10 janvier 1872, fixa leur traitement à 6,000 fr. Ce traitement a été porté à 7,000 fr. par la loi de finances du 29 décembre 1876.

1. Var.

2. « Le ministère public une fois entendu, aucune partie ne peut obtenir la parole après lui, mais seulement remettre sur-le-champ de simples notes, comme il est dit à l'article 111 du Code de procédure civile. » (Décret du 30 mars 1808, contenant règlement pour la police et la discipline des cours et tribunaux, art. 87.)

3. « Le vice-président, s'inspirant du même esprit que les rapporteurs, a toujours veillé à ce qu'il ne se produisît point habituellement, dans les débats, des moyens nouveaux, autres que ceux sur lesquels se fondaient les réclamations et contenus aux rapports. » (Rapport du vice-président du conseil de préfecture du Jura.)

« ... Les parties n'étant pas admises, le jour où l'affaire est appelée, à arguer de faits qui n'auraient pas été consignés dans leurs mémoires, ni à modifier leurs conclusions, il n'y a pas de ces surprises d'audience, ni de ces incidents qui obligent si fréquemment les juges des tribunaux civils à prononcer le renvoi de l'affaire à quinzaine ou au mois. » (A. Lavallée, *Rapport*, p. 62.)

audience [1], soit à l'ouverture d'une des séances publiques les plus prochaines.

II.

TENUE, PUBLIC, POLICE, INCIDENTS.

La plupart des conseils de préfecture ont une salle d'audience spéciale [2] : cette salle est convenablement aménagée dans la Corrèze, le Lot-et-Garonne, la Mayenne, le Rhône, la Seine [3], Seine-et-Oise et le Var. Dans les Côtes-du-Nord, elle est incommode et mal placée.

Les autres conseils sont réduits à emprunter la salle des séances du conseil général [4].

Depuis 1870, le conseil de préfecture de la Seine, comme le Conseil d'État jugeant au contentieux, siége en tenue de ville. Il en est de même dans l'Ain, les Côtes-du-Nord, la Creuse [5], l'Ille-et-Vilaine [6] et le Lot-et-Garonne [7]. Dans d'autres départements, le conseil siége en uniforme [8].

Les avocats et les avoués se présentent le plus souvent en robe devant les conseils de préfecture [9].

---

1. « Quand une affaire est portée au rôle, elle peut presque toujours recevoir une solution dans la séance pour laquelle elle est inscrite. On n'ignore pas qu'il est loin d'en être ainsi devant les tribunaux civils. » (A. Lavallée, *Rapport*, p. 63.)

2. Basses-Alpes, Aube, Corrèze, Côtes-du-Nord, Lot-et-Garonne, Mayenne, Rhône, Seine, Seine-et-Oise, Somme, Var, Yonne.

3. A Paris, la salle d'audience sert aux adjudications. — Depuis 1870, et en attendant la réinstallation de la préfecture de la Seine à l'Hôtel de ville, le conseil de préfecture siége au palais du Tribunal de commerce.

4. Allier, Eure-et-Loir, Haut-Rhin, Vosges. — A Belfort, la salle d'audience sert aussi aux adjudications, aux séances du conseil général et des commissions diverses. — Nous ne reviendrons pas sur ce que nous avons déjà dit (p. 17) de l'installation, d'ailleurs provisoire, du conseil de préfecture d'Ille-et-Vilaine.

5. « ... Il est à désirer que les conseils de préfecture donnent en quelque sorte plus de solennité à leurs séances en revêtant le costume officiel comme dans les tribunaux, où le greffier même a une tenue se rapprochant de celle du juge. »

6. L'absence d'un vestiaire oblige les conseillers à siéger en tenue de ville.

7. « Le conseil ne siége pas en costume officiel; ses membres, lors de leur installation, ont trouvé la tradition ainsi établie et n'ont pas cru pouvoir la modifier sans un ordre émané soit du ministre de l'intérieur, soit du préfet du département. »

8. Belfort, Eure, Haute-Garonne, Isère, Loir-et-Cher, Loiret, Mayenne, Meuse, Morbihan, Puy-de-Dôme, Rhône, Savoie, Seine-et-Marne, Seine-et-Oise, Seine-Inférieure, Deux-Sèvres, Vaucluse, Vendée, Haute-Vienne et Vosges.

9. Haute-Garonne, Isère, Meuse, Rhône, Seine, Seine-Inférieure, Vendée. — Dans l'Ain et à Belfort, les avocats et les avoués se présentent devant le conseil de

Les audiences de ces tribunaux sont « peu ou point suivies par le public de curieux ou de désœuvrés qui encombrent les salles des tribunaux ordinaires[1]. » On conçoit que la discussion des affaires administratives n'offre pas le même intérêt de curiosité que les débats des cours d'assises ou des tribunaux correctionnels.

Les assistants ne se composent donc habituellement que des intéressés et de leurs mandataires. Leur attitude est très-correcte et ils témoignent au conseil toute la déférence désirable : les rapports sont unanimes sur ce point. Seules, les affaires d'élections, celles surtout qui ont plus ou moins directement un caractère politique, amènent une grande affluence de public et donnent aux audiences une animation parfois assez grande[2]. Même dans ce cas, l'ordre n'est jamais troublé.

Le président a la direction des débats et la police de l'audience. L'article 13 de la loi du 21 juin 1865 rend applicables aux conseils de préfecture les articles 85, 88 et suivants et 1036 du Code de procédure civile ; mais les rapports ne signalent aucun incident sérieux[3], le président « est écouté avec respect[4] » et il semble, depuis 1865, n'avoir « jamais eu à appliquer les pénalités et les mesures de répression » dont la loi l'a armé[5].

---

préfecture en tenue de ville. Le vice-président de Belfort regrette qu'ils ne revêtent pas leur costume professionnel, comme ils le font devant les tribunaux civils.

1. Tarn. — Dans la Haute-Saône, toutefois, les séances « sont généralement assez suivies ».

2. Dans la Marne, « lorsque certaines affaires, celles ayant trait aux élections, par exemple, font pressentir des débats vifs et passionnés et que d'ailleurs le nombre des personnes citées est considérable, il est d'usage de requérir un gendarme ».

3. « Un seul incident s'est produit dans le courant de l'année 1870 : un contribuable, admis à présenter des observations orales à l'appui de sa demande en dégrèvement, ayant laissé échapper une parole irrévérencieuse envers M. le commissaire du Gouvernement, a reçu du président une sévère admonestation, à la suite de laquelle il a déclaré retirer son expression et s'est excusé. L'incident n'a pas eu de suite. » (Haute-Vienne.)

Dans l'Eure, « Il n'y a pas eu d'incident particulier à signaler. Toutefois, il s'est produit à plusieurs reprises, depuis quelque temps surtout, ce fait regrettable, que les parties citées et plus particulièrement quelques maires nommés par les suffrages des conseils municipaux, ne croient pas devoir garder dans leur attitude toute la dignité, et dans leur langage toute la réserve désirables. Il devient alors nécessaire qu'une observation du président vienne rappeler ces justiciables au respect que tout représentant de l'autorité a le droit d'exiger, au nom du Gouvernement qu'il représente ».

4. Hérault.

5. C'est à ce point que, malgré les termes formels de la loi de 1865, le défaut d'application des articles 85, 88 et suivants, et 1036 du Code de procédure civile, a fini par donner des doutes sur le droit qu'aurait le président de les appliquer. Le vice-président du conseil de préfecture du Tarn se demande « jusqu'à quel

Pour assurer l'ordre et faire le service de l'audience, le président a presque partout à sa disposition soit un huissier attaché spécialement au conseil de préfecture [1], soit un huissier de la préfecture [2], soit un garçon de bureau [3].

Dans le département de Seine-et-Marne, « les journaux du département rendent compte des débats et des décisions qu'ils croient de nature à intéresser leurs lecteurs. Ces comptes rendus, dont la forme et même l'exactitude peut quelquefois être contestée, n'ont donné lieu à aucune observation officiellement adressée aux rédacteurs en chef. »

A Paris, la *Revue générale d'administration*, la *Gazette des Tribunaux*, le *Droit*, la *Jurisprudence générale Dalloz*, le *Journal des travaux publics*, le *Journal des conseillers municipaux*, le *Bâtiment*, le *Mémorial des percepteurs*, le *Journal des percepteurs* et divers journaux politiques ou publications périodiques reproduisent des arrêtés du conseil de préfecture de la Seine, les uns présentant un intérêt juridique exceptionnel, les autres rendus dans des affaires qui ont éveillé l'attention du public [4].

---

point », le cas échéant, « le président chargé de la police de l'audience aurait le droit d'appliquer à la lettre les articles précités ».

« On ne voit pas bien », ajoute-t-il, « un président de conseil de préfecture prononçant contre un ou plusieurs délinquants les peines dont parle l'article 91 ou 92. »

Nous invoquerons sur ce point l'autorité de M. Boulatignier, qui fut, on le sait, commissaire du Gouvernement lors de la discussion de la loi du 21 juin 1865; l'éminent jurisconsulte pensait que le président du conseil de préfecture était en droit d'appliquer, dans toute leur étendue, les dispositions des articles 85, 88 et suivants du Code de procédure civile.

1. Aube, Isère, Seine.

2. Basses-Alpes, Côte-d'Or, Eure, Lozère, Marne, Puy-de-Dôme, Rhône, Seine-Inférieure, Var, Vaucluse, Vosges.

3. Savoie. — Le conseil de préfecture de l'Ain et celui d'Ille-et-Vilaine regrettent de n'avoir ni huissier, ni appariteur.

4. Un recueil spécial, publié sous les auspices du conseil de préfecture de la Seine et faisant suite au *Recueil analytique* des principales décisions de ce conseil (1863-1874), donne depuis cinq ans (1876-1880), sous le titre de *Jurisprudence des conseils de préfecture*, le texte complet, encadré de titres et de notes, des arrêtés des conseils de préfecture qui offrent un intérêt au point de vue de la doctrine ou de la pratique.

CHAPITRE III.

Observations des parties. — Dans quelle nature d'affaires les parties interviennent-elles le plus fréquemment? — Mandataires, leurs qualité ou fonctions; concours plus ou moins utile qu'ils prêtent à l'administration de la justice administrative.

I.

OBSERVATIONS DES PARTIES.

Nous avons cité plus haut la disposition de l'article 9 de la loi du 21 juin 1865 qui autorise les parties à présenter leurs observations orales à l'audience, soit en personne, soit par mandataire. Les articles 6 et 12 du décret du 12 juillet 1865 complètent cette disposition :

« Art. 6. — Lorsque les parties sont appelées à fournir des défenses sur les requêtes ou mémoires introductifs d'instance, comme il est dit en l'article 4 ci-dessus, ou à fournir des observations en vertu de l'article 29 de la loi du 21 avril 1832, elles doivent être invitées en même temps à faire connaître si elles entendent user du droit de présenter des observations orales à la séance publique où l'affaire sera portée pour être jugée.

« Art. 12. — Toute partie qui a fait connaître l'intention de présenter des observations orales doit être avertie, par lettre non affranchie, à son domicile ou à celui de son mandataire ou défenseur, lorsqu'elle en a désigné un, du jour où l'affaire sera appelée en séance publique. Cet avertissement sera donné quatre jours au moins avant la séance. »

L'article 8 du même décret, relatif aux contraventions, veut (§ 4) que la citation faite au contrevenant l'invite « à faire connaître s'il entend user du droit de présenter des observations orales ».

L'usage du conseil de préfecture de la Côte-d'Or est de convoquer à l'audience les parties dans toutes les affaires engagées contradictoirement.

De même, dans la Drôme, on convoque tous les contribuables dont les requêtes ont été de la part de l'administration l'objet de propositions de rejet[1]. Cette procédure, qui va au delà des prescriptions de la loi, permet, paraît-il, à un certain nombre de contribuables d'obtenir gain de cause; mais elle ne saurait être adoptée dans les départements où le rôle des séances publiques est très-chargé.

A Paris, les parties ne sont appelées à l'audience que lorsqu'elles l'ont demandé; toutefois, la désignation faite au greffe d'un avocat ou d'un avoué est considérée comme une demande implicite de convocation.

Voici le nombre des affaires jugées par les conseils de préfecture après observations orales :

	1876.	1877.	1878.
Observations présentées par les parties. .	7,248	6,141	7,326
— mandataires .	4,404	4,005	5,547
Total	11,652	10,146	12,873

Ces chiffres peuvent sembler peu élevés proportionnellement au nombre des affaires contentieuses jugées par les conseils de préfecture (399,779 en 1876; 413,156 en 1877; et 410,929 en 1878), mais, comme le fait observer M. A. Lavallée, ils sont loin de donner à eux seuls le nombre approximatif des affaires comportant un véritable débat et un examen de quelque durée[2].

« Si beaucoup de personnes n'emploient pas de mandataires devant le conseil de préfecture et préfèrent se présenter elles-mêmes, cela tient à ce que le ministère de l'avocat ou de l'avoué n'est pas obligatoire. C'est là un des avantages de l'institution.

« Si des personnes en nombre beaucoup plus considérable encore, non-seulement n'emploient pas de mandataires, mais ne se rendent pas elles-mêmes au chef-lieu du département pour défendre leurs intérêts devant le conseil de préfecture, cela tient à un autre bienfait de l'institution, qui est l'instruction écrite[3], laquelle rend inutile un déplace-

1. Lorsque le directeur des contributions directes propose le rejet de la requête, la loi du 21 avril 1832, art. 29, prescrit seulement le dépôt du dossier à la sous-préfecture, pour observations écrites du réclamant.

2. Ce qui le prouve, c'est que dans le département de la Seine, où les affaires de marchés de travaux publics ont toujours une certaine importance, sur 28 affaires de cette nature jugées en 1877, 14 l'ont été sans observations orales; sur 35 affaires jugées en 1878, 19 l'ont été sans observations orales.

3. « Les raisons de cette abstention dans beaucoup d'affaires », dit le vice-pré-

ment coûteux et offre aux justiciables toutes les garanties nécessaires[1]. »

Les administrations publiques se montrent moins désireuses encore que les particuliers d'ajouter aux garanties de l'instruction écrite les avantages d'un débat oral contradictoire.

Pour les affaires de travaux publics, l'État et le département sont parfois représentés à l'audience par les ingénieurs des ponts et chaussées[2], « qui apportent le plus grand zèle dans la défense des intérêts de l'administration[3] ». L'agent voyer en chef intervient aussi dans les affaires de chemins vicinaux[4]; d'autres administrations se font également représenter par un de leurs fonctionnaires[5]. Mais il n'en est pas ainsi dans tous les départements[6].

L'administration des contributions directes n'a jamais aucun représentant à l'audience[7].

---

sident du Tarn, « sont l'éloignement du chef-lieu, l'intérêt minime, le désir de ne pas augmenter les frais, la simplicité des questions à résoudre, et surtout la confiance dans l'effet du mémoire produit. »

1. A. Lavallée, *Rapport*, p. 117.

2. Alpes-Maritimes, Corse, Isère, Haute-Saône, Tarn-et-Garonne. — Dans le département de la Seine, les ingénieurs ne peuvent assister à toutes les audiences où sont traitées des affaires qui intéressent leur service; ils se présentent du moins devant le conseil lorsque l'affaire a une importance exceptionnelle et peut motiver des explications techniques. En outre, l'État, le département de la Seine et la ville de Paris font présenter des observations orales dans certaines instances par des avocats à la Cour d'appel ou par des avocats au Conseil d'État. — Dans le Tarn, l'administration des ponts et chaussées et celle des chemins vicinaux se font représenter par un avocat. Ce procédé entraîne des dépenses qu'éviterait l'intervention des ingénieurs et des agents voyers. — Dans le Morbihan, l'administration n'a pas pris, en 1879, de mandataire pour défendre ses intérêts; en 1878, elle avait eu recours une fois à un avocat de Vannes.

3. Alpes-Maritimes.

4. Haute-Saône.

5. Isère.

6. Rhône, Somme.

7. Haute-Garonne, Isère, Rhône, Somme, Vaucluse. — Les motifs que l'on donne de cette abstention sont assez singuliers : « Toutes les administrations, dans les affaires où elles sont en cause, se font représenter à l'audience par un de leurs fonctionnaires », dit le vice-président du conseil de préfecture de l'Isère; « seule l'administration des contributions directes fait exception à cet usage et refuse de se faire représenter, alléguant qu'elle n'a pas à soutenir de discussions contre des avocats et que si son opinion n'est pas adoptée par le conseil de préfecture, il lui suffit de pouvoir s'adresser au Conseil d'État. Le conseil de préfecture a plus d'une fois constaté combien cette abstention systématique était regrettable et préjudiciait à la bonne administration de la justice. Quelques explications données par un agent des contributions directes auraient suffi bien souvent pour mettre à néant les allégations d'un contribuable, comme aussi les explications du réclamant

Enfin les maires s'abstiennent trop souvent de paraître aux séances publiques « dans des affaires relativement importantes [1] ».

II.

DANS QUELLE NATURE D'AFFAIRES LES PARTIES INTERVIENNENT-ELLES LE PLUS FRÉQUEMMENT ?

Il arrive que les parties présentent ou font présenter des observations orales dans des affaires de toute nature; mais où elles interviennent le plus fréquemment, c'est lorsqu'il s'agit de marchés de travaux publics ou de dommages causés par des travaux publics [2], de contributions directes [3], de contraventions [4], d'élections [5], d'affaires communales [6]. Des quatre contributions directes c'est celle des patentes qui donne lieu au plus grand nombre d'observations orales [7].

Les affaires de chemins vicinaux dans l'Allier, les subventions spéciales dans l'Aisne et la Corrèze, les taxes syndicales dans le Calvados

---

auraient pu, dans quelques occasions, modifier l'appréciation de l'administration, et l'on aurait ainsi évité des pourvois au Conseil d'État, ou des expertises. »

Peut-être faut-il dire aussi, — et cette raison serait plus digne d'être invoquée, — que les agents des contributions directes sont trop absorbés par leur service pour se présenter habituellement aux audiences. Lorsqu'on aura apporté quelques simplifications dans le système compliqué de nos impôts, lorsque, dans les expertises, le rôle de tiers-expert ne sera plus attribué à l'inspecteur des contributions directes, ce fonctionnaire pourra sans doute défendre les intérêts de son administration devant les conseils de préfecture. Cette administration aura moins d'occasions de recourir à des pourvois au Conseil d'État, dont l'usage de parti pris et sans discussion préalable, impliquerait vraiment trop peu de considération pour les tribunaux administratifs du premier degré. On verra, du reste, plus loin que ces pourvois sont assez peu nombreux.

1. Ain, Ille-et-Vilaine.

2. Aisne, Allier, Basses-Alpes, Alpes-Maritimes, Ardèche, Ardennes, Aube, Aude, Charente-Inférieure, Corrèze, Corse, Côtes-du-Nord, Creuse, Dordogne, Drôme, Eure, Eure-et-Loir, Gers, Jura, Loiret, Lot-et-Garonne, Mayenne, Meuse, Nièvre, Nord, Haute-Savoie, Seine, Somme.

3. Ain, Ardèche, Aveyron, Gard, Haute-Garonne, Hérault, Loire-Inférieure, Loiret Maine-et-Loire, Oise, Hautes-Pyrénées, Rhône, Savoie, Haute-Savoie, Seine, Haute-Vienne.

4. Ain, Aisne, Allier, Calvados, Hérault, Seine.

5. Aube, Aude, Corse, Côtes-du-Nord, Dordogne, Eure-et-Loir, Loiret, Lot-et-Garonne, Marne, Savoie, Haute-Savoie, Seine, Somme.

6. Morbihan, Nièvre, Seine.

7. Haute-Garonne, Gers, Loiret. — Cela tient surtout à une erreur commune à la plupart des patentables, qui croient que leur taxe de patente doit varier suivant le chiffre des affaires qu'ils font (Gers).

sont l'objet d'observations orales soit des parties, soit de leurs représentants.

Dans le département de la Seine, c'est surtout dans les affaires de contributions directes que les parties interviennent personnellement. Là, comme dans les autres départements, elles se font généralement représenter par des mandataires pour les affaires les plus importantes[1], surtout pour celles qui ont trait aux travaux publics[2]. Dans certains départements même, elles se font habituellement accompagner par des mandataires[3].

En 1879, dans le département de la Seine, les affaires jugées définitivement[4] après observations des parties ou de leurs mandataires, s'élèvent au chiffre de 693[5], qui se décompose ainsi :

Contributions directes	336
Taxes assimilées.	209
Marchés de travaux publics	7
Indemnités pour dommages.	25
Élections	6[6]
Contraventions.	28
Affaires diverses (logements insalubres, élections de prud'hommes, etc.).	82
Total.	693

On s'est demandé si les observations orales présentées par les parties elles-mêmes étaient d'un grand secours pour les conseils de préfecture[7]. On pourrait répondre négativement lorsque l'instruction écrite est complète et régulière[8] : demandeurs ou défendeurs, les justiciables ignorent parfois jusqu'aux éléments du droit administratif[9] et leur

1. Allier, Basses-Alpes, Alpes-Maritimes, Ardèche, Aude, Aveyron, Bouches-du-Rhône, Corrèze, Eure-et-Loir, Gard, Savoie, Seine, Haute-Vienne.

2. Bouches-du-Rhône, Finistère, Gers, Loire, Loiret, Lot-et-Garonne, Maine-et-Loire, Meuse, Rhône, Seine, Haute-Vienne.

3. Allier, Indre, Isère, Loir-et-Cher, Lozère, Morbihan, Tarn, Vendée.

4. Il ne faut pas oublier que, dans certaines affaires, par exemple en matière de marchés de travaux publics, les arrêtés préparatoires ou interlocutoires sont presque toujours précédés d'une discussion approfondie, aussi bien que les arrêtés définitifs. La statistique officielle ne fait ressortir que ces derniers.

5. Ce chiffre sera notablement dépassé en 1880.

6. Sur 11 affaires d'élections jugées en 1879.

7. Lot-et-Garonne.

8. « Elles [les parties] se bornent généralement à répéter et développer les arguments contenus dans leurs mémoires écrits. » (Allier.)

9. Manche.

inexpérience ne leur permet pas de discuter utilement les questions de principe; mais il en est tout autrement lorsqu'il s'agit de points de fait. « Dans les questions de contraventions et de contributions, où l'instruction est plus sommaire, la défense orale, généralement présentée par les parties elles-mêmes, c'est-à-dire dépouillée de tout artifice, est peut-être plus utile » que les observations de mandataires plus éclairés, « en ce sens qu'elle permet plus facilement d'arriver à la connaissance exacte de la vérité[1] ».

D'ailleurs, alors même qu'elles présenteraient moins d'utilité pratique qu'on ne leur en reconnait, les observations orales des parties constitueraient encore « une garantie sérieuse, légitimement due aux justiciables[2] ».

III.

MANDATAIRES, LEURS QUALITÉ OU FONCTIONS.

Les mandataires des parties, — ou plus exactement ceux qui, à l'audience, portent la parole en leur nom[3], — sont la plupart du temps des avocats[4] choisis parmi les plus distingués du barreau local[5] ou appartenant au barreau de Paris[6]; quelquefois des avoués[7]; plus

1. Charente-Inférieure.

2. Lot-et-Garonne.

3. A Paris, les règles professionnelles interdisent aux avocats d'accepter les fonctions de mandataires.

4. Ain, Aisne, Allier, Basses-Alpes, Alpes-Maritimes, Ardennes, Ariège, Aude, Aveyron, Belfort, Bouches-du-Rhône, Calvados, Cantal, Charente-Inférieure, Corrèze, Corse, Côtes-du-Nord, Creuse, Dordogne, Doubs, Drôme, Eure, Eure-et-Loir, Finistère, Gard, Haute-Garonne, Gers, Hérault, Indre, Isère, Jura, Loir-et-Cher, Loire, Haute-Loire, Loire-Inférieure, Loiret, Lot-et-Garonne, Lozère, Maine-et-Loire, Manche, Marne, Mayenne, Meuse, Morbihan, Nièvre, Nord, Oise, Puy-de-Dôme, Hautes-Pyrénées, Pyrénées-Orientales, Rhône, Saône-et-Loire, Sarthe, Savoie, Haute-Savoie, Seine, Seine-et-Oise, Seine-Inférieure, Somme, Tarn, Tarn-et-Garonne, Var, Vendée, Haute-Vienne, Vosges, Yonne.

5. Ardèche, Aude, Eure, Haute-Garonne, Gers, Hérault, Loire, Vaucluse.

6. Eure-et-Loir.

7. Ain, Aisne, Allier, Aube, Belfort, Bouches-du-Rhône, Charente-Inférieure, Côtes-du-Nord, Eure, Eure-et-Loir, Gard, Indre, Isère, Loir-et-Cher, Lozère, Mayenne, Meuse, Morbihan, Nièvre, Oise, Puy-de-Dôme, Hautes-Pyrénées, Pyrénées-Orientales, Rhône, Saône-et-Loire, Sarthe, Savoie, Seine, Somme, Vendée, Vosges, Yonne.

rarement des agents d'affaires[1] ou des hommes spéciaux[2], architectes ou ingénieurs[4].

Les parties emploient volontiers, dans les départements de la Seine, de Seine-et-Marne et de Seine-et-Oise, l'intermédiaire des avocats au Conseil d'État.

Des agences spéciales pour les réclamations en matière de contributions directes ont été fondées, depuis quelques années, dans certaines villes[5] : les directeurs ou employés de ces agences présentent souvent des observations orales au nom des contribuables qui les ont chargés de leurs intérêts.

Lorsque les représentants des parties ne sont ni des avocats, ni des avoués, le tribunal exige d'eux la production d'un pouvoir[6].

IV.

CONCOURS PLUS OU MOINS UTILE QUE LES MANDATAIRES PRÊTENT A L'ADMINISTRATION DE LA JUSTICE ADMINISTRATIVE.

Le concours de ces mandataires peut être envisagé à différents points de vue; aussi est-il diversement apprécié. Dans des tribunaux devant lesquels le caractère essentiel de la procédure contentieuse est l'instruction écrite, et où les parties ne peuvent que développer des moyens de défense déjà exposés dans les mémoires adressés à des juges qui ont dû préparer avant l'audience un projet de décision[7], la plaidoirie perd beaucoup de son importance et de son utilité[8].

---

1. Seine, Seine-et-Oise. — « Il est assez rare que des agents d'affaires se présentent comme mandataires » devant les conseils de préfecture des Alpes-Maritimes, du Calvados, de l'Isère et de la Haute-Savoie.

2. Marne, Seine-et-Oise. — Les parties ont été quelquefois représentées, dans Seine-et-Marne, par des agréés près le tribunal de commerce de Montereau; dans le Gers, en matière électorale, par des avocats stagiaires, et dans la Nièvre, également en matière d'élections, par « les rédacteurs de divers journaux de la localité ».

3. Seine-et-Oise.

4. Seine-et-Oise.

5. Paris, Le Hâvre, Lille, Marseille, Nantes, Reims, Rouen.

6. Mayenne, Nièvre, Seine. Dans ces deux derniers départements, ce pouvoir doit être enregistré.

7. Décret du 12 juillet 1865, art. 9.

8. Charente-Inférieure. — « Les explications produites par les parties elles-mêmes sont la plupart du temps très-suffisantes. » (Aisne.)

Les conseils de préfecture n'ont qu'à se louer des excellents rapports qu'ils entretiennent avec les membres du barreau[1]. Si quelques-uns de ceux-ci « sont assez peu familiarisés avec les règles, mal définies d'ailleurs, soit de la procédure, soit de la compétence[2] », d'autres mettent à profit « la spécialité qu'ils ont pu acquérir par une longue pratique du droit administratif[3] ». Dans tous les cas, « leur habitude des affaires, sinon du droit administratif[4] », leur permet d'apporter un utile concours aux conseils de préfecture[5] pour l'éclaircissement des points que l'instruction a laissés obscurs[6]. Ils expliquent aux parties les décisions de ces conseils lorsqu'elles sont fondées sur des points de droit, et ne contribuent pas peu à les leur faire accepter[7].

Mais ils transportent trop volontiers leurs habitudes du palais devant la juridiction administrative. On a vu déjà qu'ils sollicitent fréquemment la remise des affaires; ils ont aussi une tendance à transformer en véritables plaidoiries les « observations » autorisées par la loi du 21 juin 1865[8].

Ces remarques s'appliquent aussi bien aux avoués qu'aux avocats.

Quant aux avocats au Conseil d'État et à la Cour de cassation, leur expérience de la procédure, leur connaissance approfondie de la législation administrative et de la jurisprudence des conseils de préfecture et du Conseil d'État, et jusqu'à l'organisation de leur ordre, qui les met à même de jouer le double rôle de l'avocat et de l'avoué, tout contribue à en faire les plus précieux auxiliaires pour la justice administrative.

Nous avons dit que les agents d'affaires viennent rarement devant les conseils de préfecture : ils sont mal préparés au contentieux administratif. Toutefois, cette critique n'atteint pas ceux d'entre eux qui

1. Alpes-Maritimes, Ariège, Eure, Ille-et-Vilaine, Isère, Nièvre, Seine, Var.

2. Finistère, Mayenne.

3. Loir-et-Cher, Rhône, Sarthe, Seine, Seine-Inférieure.

4. Ain, Calvados.

5. Ain, Alpes-Maritimes, Ardèche, Ardennes, Ariège, Aude, Aveyron, Belfort, Calvados, Cantal, Corrèze, Corse, Côte-d'Or, Creuse, Doubs, Drôme, Eure, Gard, Haute-Garonne, Hérault, Indre, Isère, Jura, Loire, Haute-Loire, Lot-et-Garonne, Lozère, Maine-et-Loire, Manche, Meuse, Nièvre, Hautes-Pyrénées, Pyrénées-Orientales, Saône-et-Loire, Haute-Saône, Haute-Savoie, Seine, Seine-et-Marne, Seine-et-Oise, Seine-Inférieure, Somme, Tarn, Tarn-et-Garonne, Var, Vaucluse, Vendée, Haute-Vienne, Vosges, Yonne.

6. Basses-Alpes, Ariège.

7. Belfort, Lozère.

8. Ain, Vendée.

se sont fait une spécialité des affaires de contributions directes et qui, à Paris, du moins[1], sont au courant des questions qu'ils ont à traiter.

CHAPITRE IV.

Affaires exceptionnelles par l'importance, soit des intérêts en jeu, soit de la question à juger[2].

Il est naturel de penser que les affaires exceptionnelles par l'importance des intérêts en jeu se rencontreront de préférence parmi les instances qui ont pour objet l'interprétation ou l'exécution des marchés de travaux publics : c'est ce qui a lieu en effet. Les unes s'engagent entre l'État et les compagnies de chemins de fer, les autres naissent entre les entrepreneurs de travaux publics d'une part, l'État, les départements, les communes, les associations syndicales autorisées, d'autre part.

Les cahiers des charges des grandes compagnies de chemins de fer, dont le siége social est à Paris, rappellent que « les contestations qui s'élèveraient entre la compagnie et l'administration au sujet de l'exécution et de l'interprétation des clauses du présent cahier des charges seront jugées administrativement par le conseil de préfecture du département de la Seine, sauf recours au Conseil d'État[3] ».

Le conseil de la Seine a été appelé à statuer sur la requête de la Compagnie du Midi, tendant à ce que la gratuité ne fût pas appliquée au transport et au magasinage du matériel télégraphique ; sur celle de la Compagnie d'Orléans, relative au retrait d'homologation de tarifs ;

---

1. « Les affaires de contributions sont généralement plaidées par les représentants de deux agences qui centralisent, à Paris, un grand nombre de réclamations. Ces représentants sont d'anciens contrôleurs des contributions directes, qui profitent de leurs connaissances spéciales pour faire échec à l'administration et pour l'obliger à laisser résoudre des questions présentant une certaine gravité au point de vue soit des principes, soit de l'importance des sommes en litige. Cette lutte entre des intérêts opposés ne nuit point d'ailleurs à l'action de la justice administrative. Elle en favoriserait plutôt l'exercice, en obligeant les agents d'instruction à une vigilance et à une régularité toujours plus grandes dans l'application des lois et règlements. » (Rapport du président du conseil de préfecture de la Seine.)

2. Il ne s'agit ici que des affaires entrées ou jugées en 1879.

3. Compagnie du chemin de fer de ceinture, art. 29 du cahier des charges; Compagnie des Charentes, art. 70; Compagnie de l'Est, art. 69; Compagnie de Lyon, art. 68; Compagnie du Midi, art. 75; Compagnie du Nord, art. 68; Compagnie d'Orléans, art. 69; Compagnie de l'Ouest, art. 69.

sur les requêtes des Compagnies de l'Est, de Lyon, du Nord, d'Orléans et de l'Ouest, demandant que le transport gratuit jusqu'à concurrence de 30 kilogrammes de bagages ne fût pas appliqué aux effets de magasins voyageant avec des corps de troupes. Il a rejeté la requête des anciens concessionnaires du chemin de fer de Marmande qui contestaient la déchéance prononcée contre eux par le ministre des travaux publics et réclamaient l'allocation de dommages-intérêts. Pour chacune de ces affaires, les intérêts engagés variaient d'un à plusieurs millions.

Dans le même ordre d'idées, c'est-à-dire, par interprétation de cahiers des charges pour la concession de voies ferrées, le conseil de préfecture de la Seine a eu à déterminer les redevances dues à la Compagnie générale des omnibus de Paris par la Compagnie des tramways-nord, pour les lignes de Saint-Augustin à la Madeleine, et de la place Moncey aux environs de la gare Saint-Lazare et du boulevard Haussmann, et par la Compagnie des tramways-sud pour les lignes de l'avenue d'Antin à la porte de Vanves, de la place Walhubert à la Bastille et de l'avenue Daumesnil à la Bastille. Il est saisi de l'instance introduite contre le préfet de la Seine par la Compagnie générale des omnibus et par la Compagnie des transports parisiens, cette dernière constituée au capital de 5,000,000 de francs pour l'exploitation des boîtes placées sur les voitures de la Compagnie des omnibus.

Le conseil de préfecture de l'Eure, sur la requête du préfet représentant le département, a confirmé la déchéance prononcée contre la Compagnie du chemin de fer d'Orléans à Rouen ; cette compagnie, qui n'avait pas exécuté ses engagements, avait été déclarée, par arrêté préfectoral, déchue, avec les conséquences de droit, des concessions à elle faites de diverses lignes d'intérêt local. La même compagnie a été l'objet de décisions analogues rendues par les conseils de préfecture d'Eure-et-Loir et de Loir-et-Cher. Le conseil de Maine-et-Loire s'est également prononcé sur une instance introduite par le département contre la Compagnie de Maine-et-Loire et Nantes, pour inexécution de traité, et le conseil d'Ille-et-Vilaine a débouté la Compagnie de Vitré-Fougères d'une réclamation formée contre l'État relativement à des transports effectués pendant la guerre de 1870-1871.

Les contestations entre les entrepreneurs de travaux publics et l'administration se sont multipliées, pendant ces dernières années, par suite de la construction dans plusieurs départements de lignes de chemins de fer, d'églises, de maisons d'école, de forts, de casernes, etc.

A Paris, la construction du nouvel Hôtel-Dieu a donné naissance à des procès entre MM. Violet, Dallemagne et Ouachée, et autres entrepreneurs, et l'administration générale de l'Assistance publique : celle-ci a été condamnée, en 1879, à payer à chacun de ces entrepreneurs des sommes qui varient de 43,000 à 471,998 fr. Citons encore, dans le même département, les affaires suivantes : *contre l'État :* instances Perrichont (forts de Stains et d'Écouen et redoute de la Butte-Pinçon) et Pommay (travaux de fortifications exécutés, de 1866 à 1871, dans la place de Thionville); *contre le département de la Seine :* instances Pradeau (égout latéral à la Bièvre), et Martin et Legrand (reconstruction des ponts de Clichy) ; *contre la ville de Paris :* instances Société Lescanne-Perdoux (travaux de la place de l'Étoile), Société parisienne de crédit (régie du marché aux bestiaux), Vernaud (reconstruction de l'Hôtel de ville de Paris) ; enfin, l'instance Ville de Paris contre Kasel (démolition de l'entrepôt de Bercy), une seconde instance Violet contre l'administration de l'Assistance publique [1], l'instance des héritiers et liquidateurs de la succession Vafflard contre les fabriques et consistoires de Paris (service des pompes funèbres) et l'instance Varangot contre l'association syndicale des rues d'Alfortville.

Pour les départements, il faut abréger la liste des entreprises qui ont donné lieu à des réclamations d'une importance exceptionnelle :

Travaux du génie : Caserne d'infanterie de Rodez (Aveyron), forts de Besançon (Doubs), casernes d'Assas (Puy-de-Dôme), travaux pour le compte de l'administration de la guerre (Hautes-Pyrénées), casernes du Mans (Sarthe), fort de Roppe [2] (Belfort), forts de Villard-Dessous et de Lestal (Savoie), construction de forts (Seine-et-Marne et Seine-et-Oise), etc.

Travaux de l'État et des départements : Dévasement du port de La Rochelle (Charente-Inférieure), hôtel de la préfecture à Tulle [3] (Corrèze), lycée de Guéret (Creuse), pont de Prigourieux et pont de Sainte-Foy sur la ligne de Libourne à Bergerac (Dordogne), exhaussement des ponts et passerelles sur le canal de Briare (Loiret), construction de quatre écluses sur la Mayenne (Mayenne), travaux de dragage du port de Dunkerque (Nord), construction du cinquième lot du chemin de fer

1. Jugée en 1880.
2. 57 chefs de réclamations s'élevant à 774,369 fr. 65 c.
3. Demande de 1,377,266 fr.

de Pau à Oloron-Sainte-Marie (Basses-Pyrénées), construction de la route nationale n° 202 de Grenoble à Thonon (Savoie), reconstruction partielle de l'hôtel de la préfecture à Rouen [1] (Seine-Inférieure), travaux de terrassement de la tranchée de la gare sur le chemin de fer de Saillat à Bussière (Haute-Vienne), etc. [2].

Travaux des communes : Hospices de Château-Thierry et abattoirs de Chauny (Aisne), fontaines de Boussac (Creuse), restauration de l'église de Marciac et construction des bassins d'alimentation de la ville de Mirande (Gers), construction des églises de Colombier-Saugnieu et de la Tour-du-Pin (Isère), construction de l'hospice de Mer (Loir-et-Cher), conduite d'eau pour l'alimentation de la ville de Brioude (Haute-Loire), fontaines de la ville de Langogne (Lozère), construction de la tour de l'église de Beignon (Morbihan), de l'église de Merckhegem (Nord), travaux de voirie de la ville du Hâvre (Seine-Inférieure), travaux de canalisation de la ville de Moissac (Var), conduite des eaux d'alimentation de la ville de Limoges, honoraires pour la rédaction de projets de captation de ces eaux, construction du château d'eau de l'abattoir de Limoges, reconstruction de l'église de Sainte-Vitte et construction de maisons d'école à Saint-Junien et à Cognac (Haute-Vienne), etc.

Aux marchés de travaux communaux se rattachent une demande en interprétation, au sujet de droits d'octroi, du cahier des charges formant traité entre la ville de Blois et la Compagnie du gaz (Loir-et-Cher), une instance entre l'ancien et le nouveau concessionnaire du gaz de Melun (Seine-et-Marne) et une instance entre la ville de Nantes et la compagnie concessionnaire de la distribution des eaux dans cette ville (Loire-Inférieure).

Après les affaires de marchés viennent, par ordre d'importance, les demandes en indemnité pour dommages causés par l'exécution de travaux publics. Voici les entreprises à l'occasion desquelles ont été demandées ou allouées les plus fortes indemnités : travaux de voirie de la ville de Paris [3] (Seine), construction de chemins de fer (Aisne), lignes de chemins de fer d'Arvant au Lot (Cantal), de Montmoreau à Péri-

---

1. L'architecte proposait 834,626 fr. 59 c. ; l'entrepreneur réclamait 1,886,983 fr. 45 c. Le conseil a fixé le décompte à 954,335 fr. 67 c.

2. En 1877, le conseil de préfecture de la Meuse avait prononcé la résiliation d'un traité passé entre le département et un entrepreneur et ordonné la saisie d'un cautionnement de 600,000 francs fourni par celui-ci.

3. Allocation aux héritiers Fèges d'une indemnité de 22,000 francs.

gueux et de Libourne à Bergerac [1] (Dordogne), travaux de voirie de la ville de Nantes (Loire-Inférieure), lignes de chemins de fer de Mende à Sévérac (Lozère), de Carnoules à Aix [2] (Var), viaduc sur le chemin de fer de Limoges au Dorat (Haute-Vienne).

Il y a eu demande ou allocation d'indemnités non moins considérables pour des extractions de matériaux opérées par la Compagnie des chemins de fer de l'Est ou par les entrepreneurs des forts (Haut-Rhin), pour la suppression partielle d'un chemin vicinal ordinaire de la commune de Varvannes (Seine-Inférieure), pour les dommages causés par la rupture de la digue du canal de Roubaix [3] (Nord), pour l'aggravation des conséquences des inondations par suite de la construction d'une digue percée d'aqueducs insuffisants [4] (Lot-et-Garonne), pour des chômages, pertes de force motrice, dépréciations d'usines résultant de l'exécution de travaux publics (Yonne), de prises d'eau faites en vue de l'alimentation des canaux (Aisne), du relèvement du plan d'eau en aval du moulin de Charleville (Ardennes), pour le chômage du canal d'Orléans pendant les travaux de désenvasement et de réparation des ouvrages d'art (Loiret), pour la prolongation du chômage dans le bief d'Attigny, canal des Ardennes, au delà de la date d'ouverture fixée par arrêté préfectoral (Ardennes).

Les condamnations pour contraventions de voirie maritime (obstacles apportés à la navigation par suite d'échouement de navires et dégradations des ouvrages d'art) ont atteint, dans le Calvados, des chiffres très-élevés.

La plupart des affaires auxquelles nous venons de faire allusion n'ont pas seulement une importance matérielle, elles soulèvent en même temps d'intéressantes questions de doctrine ou de jurisprudence.

---

1. Débordements du Codeau : 28 propriétaires intéressés.

2. Cette ligne a été établie par la Compagnie du chemin de fer de Paris à Lyon et à la Méditerranée sur l'emplacement même des canaux des fontaines de la ville de Saint-Maximin.

3. Condamnation de l'État à 217,000 francs de dommages-intérêts.

4. Demandes formées par 156 propriétaires des communes de Bruch, Montesquieu et Feugarolles contre la Compagnie des chemins de fer du Midi et du canal latéral à la Garonne. — Les riverains de l'Adour prétendent également rendre la Compagnie du Midi responsable, dans une certaine mesure, de la surélévation du niveau des eaux de ce fleuve à l'époque des inondations dernières (Landes). — Déjà, en 1878, le conseil de préfecture du Gers avait condamné plusieurs fois cette même compagnie à payer des indemnités considérables à des propriétaires dont elle avait aggravé la situation, en temps d'inondations, par la construction des lignes d'Agen à Tarbes et de Tarbes à Morcenx.

C'est exclusivement au point de vue juridique que d'autres affaires soumises aux conseils de préfecture se recommandent à l'attention. Ici encore nous devrons nous borner à une énumération sommaire : l'examen des solutions données excéderait démesurément le cadre de cette étude.

Les matières qui ont plus spécialement donné lieu à des décisions de principe sont, outre les travaux publics sur lesquels nous n'avons pas à revenir : la procédure, dans la Nièvre, la Sarthe et la Seine ; les questions de compétence dans le département de Loir-et-Cher, des Basses-Pyrénées[1], Saône-et-Loire, la Sarthe, la Seine, la Seine-Inférieure et le Tarn-et-Garonne ; les autorisations d'ester en justice dans les Landes[2], le Puy-de-Dôme et la Seine ; les comptes de gestion à Belfort[3] ; les contraventions de grande voirie dans l'Ariège[4] et la Seine ; celles de navigation dans la Charente-Inférieure, le Nord et la Seine ; celles de voirie maritime dans la Charente-Inférieure, l'Eure et le Var ; les contributions directes et les taxes assimilées dans la plupart des départements et notamment, les taxes foncières, des portes et fenêtres et de mainmorte dans le Loir-et-Cher et la Seine, les taxes personnelle-mobilière et des prestations dans la Charente-Inférieure[5] et la Seine, et les taxes de patente dans la Charente-Inférieure[6], le Loir-et-Cher, la Marne, le Puy-de-Dôme, la Seine, la Somme et le Var ; les taxes de curage, dans le Gers ; les taxes de pâturage dans l'Ille-et-Vilaine ; les taxes sur les cercles dans l'Aveyron[7] ; la taxe de pavage

1. Contestation entre les fermiers des établissements thermaux des Eaux-Bonnes et la commune des Eaux-Bonnes, au sujet de la construction du casino. Le conseil de préfecture s'est déclaré incompétent.

2. La ville de Mont-de-Marsan a été autorisée à ester en justice pour défendre à une action intentée par l'évêque d'Aire, qui réclame 72,000 francs de dommages-intérêts à la suite de la fermeture de l'école communale de garçons dirigée par des instituteurs congréganistes.

3. La commune de Lacollonge a formé contre son ancien maire une demande en paiement de 10,574 fr. 88 c. pour gestion occulte.

4. Le conseil de l'Ariège a décidé que le stationnement d'une locomotive routière sur une route nationale ne pouvait être assimilé à un dépôt.

5. Question relative à l'imposition des officiers sans troupes. Le conseil de préfecture de la Seine a souvent à se prononcer sur des questions de cette nature, dont l'appréciation est la plupart du temps fort délicate.

6. Difficultés soulevées par l'application du droit proportionnel de patente aux usines à gaz.

7. Le président du cercle catholique de Millau demandait la décharge de la taxe imposée sur les cotisations des membres *bienfaiteurs*. Contrairement à un arrêt récent du Conseil d'État, annulant un de ses précédents arrêtés, le conseil de préfecture de l'Aveyron a persisté à déclarer que les cotisations des membres

dans le département de la Seine; les redevances sur les mines dans l'Allier et le Gard [1]; les rétributions scolaires dans les Basses-Alpes [2]; les subventions spéciales pour dégradations de chemins vicinaux dans l'Aisne [3], l'Allier, l'Isère, la Mayenne, l'Oise; l'organisation des associations syndicales et les questions qui s'y rattachent, dans l'Aube, le Calvados, l'Isère, les Pyrénées-Orientales, la Seine [4] et Vaucluse; les travaux communaux dans la Nièvre; les occupations temporaires et les extractions de matériaux dans l'Eure [5] et le Puy-de-Dôme; les souscriptions volontaires pour les travaux publics dans la Seine-Inférieure; l'interprétation d'un acte de vente de biens nationaux dans la Haute-Saône, les logements insalubres dans la Seine; les élections municipales dans l'Eure et la Seine; les affaires concernant les eaux thermales de Vichy, dans l'Allier [6], etc.

Dans la Vendée, « les travaux à la mer, qui ont nécessairement un

bienfaiteurs devaient être frappées de la même taxe que les autres cotisations. Sur le pourvoi du réclamant, le Conseil d'État, « écartant la question de principe et laissant par conséquent intacte la décision du conseil de préfecture, a décidé qu'il n'existait plus de membres bienfaiteurs au cercle catholique de Millau et que cet impôt était mal assis ». (Aveyron.)

1. Le conseil de préfecture du Gard a décidé que la redevance sur les mines afférente au coke et aux briquettes d'agglomérés devait être établie non sur le prix de vente de ces produits fabriqués, mais seulement sur la valeur des charbons employés à cette fabrication. Le Conseil d'État a approuvé cette solution par un arrêt du 7 mai 1880.

2. Le conseil de préfecture des Basses-Alpes a jugé deux réclamations soumises pour la première fois, croyons-nous, aux tribunaux administratifs: plusieurs pères de famille demandaient l'annulation de leur abonnement annuel à l'école des garçons et à l'école des filles de la commune d'Oraison, en se fondant sur le renvoi non justifié de l'instituteur et de l'institutrice congréganistes et sur leur remplacement par un instituteur et une institutrice laïques opéré par l'autorité administrative compétente, sur l'avis du conseil municipal. Ces réclamations ont été rejetées.

3. Les transports de betteraves provenant d'une exploitation agricole appartenant au fabricant de sucre soulèvent des questions de droit assez délicates (Aisne).

4. Instance Dominique contre l'association syndicale des rues d'Alfortville.

5. En matière vicinale, le conseil de préfecture de l'Eure a annulé un arrêté préfectoral qui avait autorisé l'extraction de matériaux dans un terrain planté en bois taillis, entouré par une haie sèche ou un treillage et renfermant une petite construction.

« Un pourvoi a été formé contre cette décision fondée sur le texte précis de la loi, mais dont les conséquences peuvent être fort graves au point de vue de la construction et de l'entretien des routes et chemins.

« Tout propriétaire menacé de voir son terrain désigné pour des extractions de matériaux pourrait en effet se soustraire aisément à cette servitude en s'entourant d'un semblant de clôture et en édifiant un simulacre d'habitation. »

6. Une loi spéciale attribue au conseil de préfecture de l'Allier la connaissance de toutes les difficultés qui pourraient survenir entre l'État et la compagnie fermière des eaux de Vichy.

caractère aléatoire, constituent des affaires exceptionnelles par l'importance des intérêts en jeu et les questions à juger ».

Cette énumération, incomplète malgré son étendue, suffira pour donner un aperçu de l'importance des affaires soumises aux conseils de préfecture. Nous avons cru devoir entrer dans quelques détails parce que peu de personnes, même parmi celles auxquelles les questions administratives ne sont pas étrangères, se font une idée exacte de la gravité des intérêts sur lesquels cette juridiction est appelée à statuer.

En analysant, dans le chapitre suivant, les divers paragraphes de la statistique officielle, nous montrerons que les affaires qui lui sont soumises ne sont pas moins considérables par le nombre et par la variété des matières auxquelles elles ont trait.

CHAPITRE V.

Revue des divers paragraphes du tableau statistique.

Nous avons donné, dans la première partie de cette étude, un aperçu de l'organisation intérieure des conseils de préfecture ; nous avons dit comment ils fonctionnent, quelles sont les règles qui président à l'instruction des affaires et à la tenue des audiences ; nous avons ensuite exposé dans quelles conditions s'exerce la garantie du débat public et nous avons cité les questions les plus importantes dont ces tribunaux ont eu à connaître en 1879. Nous allons maintenant, en suivant les divisions du cadre officiel de statistique, indiquer, pour chaque nature d'attributions, le nombre des affaires qui sont annuellement portées devant eux. Pour permettre d'utiles comparaisons, nous donnerons simultanément les chiffres des quatre dernières années 1876 à 1879.

Les conseils de préfecture ont trois sortes d'attributions[1] : contentieuses, de tutelle administrative, consultatives.

Tribunaux administratifs du premier degré, ils statuent sur les matières contentieuses dont la connaissance leur est attribuée par un texte de loi.

1. Nous avons parlé, dans la première partie de cette étude (p. 19), des attributions individuelles des conseillers de préfecture, attributions dont la statistique ne peut tenir compte.

Conseils de tutelle administrative, ils autorisent les communes, les hospices et les établissements publics, les fabriques et consistoires, les menses curiales ou épiscopales, les chapitres et les séminaires à ester en justice; les receveurs des établissements de bienfaisance à donner mainlevée des oppositions formées pour la conservation du droit des pauvres et des hospices ou à consentir radiation, changement et mutation d'inscriptions hypothécaires [1].

Conseils consultatifs, ils émettent des avis sur les affaires administratives qui leur sont soumises par le préfet, soit dans les cas où celui-ci est tenu, aux termes de la loi, de les consulter, soit dans ceux où il juge à propos de s'éclairer de leur appréciation [2].

Le tableau statistique préparé par le ministère de l'intérieur divise ces attributions en deux parties sous les rubriques d'affaires contentieuses et d'affaires non contentieuses.

1re PARTIE. — AFFAIRES CONTENTIEUSES.

Les affaires contentieuses se subdivisent en deux sections : la première section comprend les affaires jugées en séance publique, c'est-à-dire toutes les affaires contentieuses, à l'exception des comptes de gestion; la seconde section comprend les affaires contentieuses non portées en séance publique, c'est-à-dire les comptes de gestion, que l'article 10 de la loi du 21 juin 1865 prescrit, nous l'avons dit, de juger en chambre du conseil.

1re SECTION. — AFFAIRES JUGÉES EN SÉANCE PUBLIQUE.

Cette section renferme les six paragraphes suivants : § 1er, contributions directes; § 2, travaux publics; § 3, affaires communales; § 4, élections; § 5, contraventions; § 6, affaires diverses.

§ 1er. — *Contributions directes.*

Les réclamations en matière de contributions directes (demandes en décharge, en réduction ou en mutation de cote, etc.) représentent, à

1. Voy. A. Lavallée, *Rapport*, p. 282 à 286.
2. Arrêtés du préfet en conseil de préfecture ou avis du conseil de préfecture.

elles seules, plus des trois quarts des affaires contentieuses. Si leur importance matérielle ne répond pas toujours à leur nombre, quelques-unes des taxes contestées atteignent cependant des chiffres relativement élevés : telles sont les taxes de patente de la Banque de France, des Grands Magasins du Louvre, des grandes compagnies, des entrepreneurs de travaux publics, etc. D'ailleurs ces affaires sont fréquemment l'objet de décisions de principe.

Le paragraphe qui les concerne comprend quatre articles : 1° contributions proprement dites; 2° taxes diverses assimilées aux contributions directes et perçues au profit de l'État, des départements ou des communes; 3° taxes spéciales destinées à la confection et à l'entretien des travaux d'intérêt commun, perçues au profit d'associations; 4° états des côtes indûment imposées.

1° *Contributions directes proprement dites.* — Les contributions directes proprement dites sont, comme on le sait, la contribution foncière, la contribution des portes et fenêtres, la contribution personnelle-mobilière[1] et la contribution des patentes.

Nous donnerons, pour cet article comme pour chacun de ceux qui vont suivre, le chiffre des affaires en instance au 1er janvier de l'année, c'est-à-dire restant à juger de l'année précédente; celui des affaires introduites pendant l'année; celui des affaires jugées; enfin celui des affaires restant à juger au 31 décembre, c'est-à-dire à reporter à l'année suivante.

	1876.	1877.	1878.	1879.
Affaires en instance au 1er janvier. .	11,594	10,537	8,880	10,079
Introduites pendant l'année	181,107	187,118	187,002	193,371
Total des affaires à juger	192,701	197,655	195,882	203,450
Affaires jugées.	182,164	188,775	185,803	194,398
Affaires restant à juger au 31 déc. .	10,537	8,880	10,079	9,052

Nous avons fait remarquer[2] que le chiffre des affaires restant à juger au 31 décembre ne représentait pas un arriéré.

Deux causes accroîtront sans doute, en 1881, le nombre des réclamations en matière de contributions directes; d'une part, le déve-

1. A Paris il n'y a pas de taxe personnelle.
2. Voy. p. 16

loppement des agences spéciales auxquelles nous avons fait allusion[1]; d'autre part, l'application de la nouvelle loi sur les patentes.

Dans le département des Côtes-du-Nord les affaires de contributions sont peu nombreuses eu égard à l'étendue du département, au chiffre de sa population et à la diffusion de la propriété; ce fait doit être attribué à l'ignorance où sont beaucoup de contribuables de leur droit de réclamation, aussi bien qu'à « l'esprit peu processif des populations des Côtes-du-Nord[2] ».

2° *Taxes assimilées aux contributions directes et perçues au profit de l'État, des départements ou des communes.* — On désigne sous le nom de taxes assimilées diverses taxes que la loi qui en autorise la perception assimile plus ou moins exactement, soit aux contributions directes en général[3], soit plus spécialement à l'une d'entre elles[4].

Les taxes perçues au profit de l'État sont : la taxe sur les abonnés des cercles, sociétés et lieux de réunion; la taxe sur les billards; celle sur les chevaux et voitures; la taxe des biens de mainmorte; les redevances sur les mines; la taxe pour la vérification des poids et mesures; celle pour la rétribution des médecins inspecteurs des bains, des fabriques et des dépôts d'eaux minérales; les droits établis pour frais de visite chez les pharmaciens, droguistes et épiciers.

Les taxes communales sont : la taxe sur les chiens, la taxe des prestations pour l'entretien des chemins vicinaux; les subventions spéciales pour dégradations extraordinaires de ces chemins; les droits de voirie (à Paris); la taxe de premier pavage; celle de balayage (à Paris); les taxes d'affouage, de curage, de pâturage; la rétribution scolaire, les impositions communales extraordinaires régulièrement autorisées, etc.

---

1. Cet accroissement s'est manifesté, dès 1879, dans la Seine-Inférieure.

2. « On peut remarquer », dit aussi le vice-président du conseil de préfecture de Maine-et-Loire, « qu'eu égard à l'importance et à la richesse du département, le nombre des affaires est minime comparé à celui d'autres départements; la raison en est dans le caractère peu processif des habitants et dans les efforts que fait l'administration préfectorale pour éviter les conflits et arranger les difficultés. »

3. Telles sont les taxes des prestations et les subventions spéciales pour l'entretien des chemins vicinaux, dont le recouvrement est poursuivi comme pour les contributions directes (loi du 28 juillet 1824, art. 5, et loi du 21 mai 1836, art. 14), ou la taxe de premier pavage, perçue suivant les formes établies pour le recouvrement des contributions publiques (loi du 18 juillet 1837, art 44).

4. La redevance proportionnelle sur les mines, par exemple, est imposée et perçue comme la contribution foncière (loi du 21 avril 1810, art 37). Il en est de même de la taxe de mainmorte (loi des 16 janvier, 9 et 20 février 1849, art. 2).

On pourrait ajouter à cette nomenclature le droit des pauvres, perçu sur les revenus des spectacles, concerts et autres établissements analogues, au profit des hospices et des bureaux de bienfaisance ; mais ce droit serait rangé avec autant de raison parmi les contributions indirectes[1].

On comprend encore parmi les taxes assimilées la taxe spéciale destinée à subvenir aux dépenses des bourses et des chambres de commerce et répartie sur les patentables des trois premières classes du tableau A du tarif des patentes et sur ceux désignés dans les tableaux B et C comme passibles d'un droit fixe égal ou supérieur à celui de ces classes[2].

Les taxes assimilées que nous venons d'énumérer ont, lorsqu'on les totalise, un rendement très-inférieur au produit des quatre contributions directes; néanmoins elles donnent lieu à un nombre de réclamations presque aussi considérable[3].

	1876.	1877.	1878.	1879.
Affaires en instance au 1er janvier. .	6,393	4,993	3,830	5,617
Introduites pendant l'année	134,364	141,442	139,587	135,445
Total des affaires à juger	140,757	146,435	143,417	141,062
Affaires jugées.	135,764	142,605	137,800	135,853
Affaires restant à juger au 31 déc.	4,993	3,830	5,617	5,209

3° *Taxes spéciales destinées à la confection et à l'entretien des travaux d'intérêt commun perçues au profit d'associations.* — Cet article comprend les taxes perçues pour travaux de salubrité ou de dessèchement, pour l'entretien des digues et ouvrages d'art sur les cours d'eau non navigables, les taxes des wattringues et généralement toutes

---

1. Son mode de perception, analogue à celui de l'octroi, et l'absence de tout rôle de recouvrement semblent rapprocher le droit des pauvres des contributions indirectes. L'article 2 du décret du 8 fructidor an XIII ne résout pas la question : il assimile le recouvrement de ce droit à celui « des contributions directes et indirectes ». Or, les contributions directes ne sont pas recouvrées de la même manière que les contributions indirectes.

Cette question présente, du reste, peu d'intérêt dans la pratique, le droit des pauvres, si discuté par la presse, ne motivant guère de réclamations au contentieux.

2. Loi du 25 avril 1844, art. 33; loi du 15 juillet 1880, art. 38.

3. Quelques-unes de ces taxes spécialement ont été l'objet de critiques fort vives et qui paraissent de nature à motiver sinon leur suppression, du moins leur transformation. Nous reviendrons sur ce point.

les taxes perçues au profit de syndicats ou d'associations autres que la commune.

Le nombre de ces taxes varie, avec celui des associations syndicales[1], suivant les régions. On trouve « des syndicats exceptionnellement nombreux » dans le département des Basses-Alpes, « où l'homme est en lutte constante avec la nature »; on en compte 350 dans les Hautes-Alpes[2], 296 dans les Pyrénées-Orientales[3]; mais il en existe seulement quelques-uns dans le Lot-et-Garonne[4], et le département de la Seine n'en renferme qu'un[5] dont le conseil de préfecture ait eu à s'occuper.

Les réclamations contre ces taxes sont en somme peu nombreuses :

	1876.	1877.	1878.	1879.
Affaires en instance au 1er janvier. . . .	113	262	281	314
Introduites pendant l'année	613	836	756	519
Total des affaires à juger	726	1,098	1,037	833
Affaires jugées.	464	817	723	516
Affaires restant à juger au 31 décembre .	262	281	314	317

Ces chiffres seraient encore diminués par une révision de la loi du 21 juin 1865 sur les associations syndicales, qui abandonne trop de solutions à la jurisprudence.

4° *États des cotes indûment imposées.* — Dans cet article figurent : 1° les états des percepteurs présentés dans les trois mois de la publi-

1. En 1863, il existait des associations syndicales dans 63 départements. Leur nombre était de 2,475. Le montant des cotisations perçues en 1862, dans la forme des contributions directes, s'était élevé à 4,271,925 francs. (*Exposé des motifs de la loi sur les associations syndicales.*)

2. « Les associations syndicales percevant des taxes assimilées aux contributions directes sont au nombre de 350, chiffre relativement important, eu égard à l'étendue et à la population du département. » (Hautes-Alpes.)

3. « Le conseil de préfecture a jugé, en 1879, 106 affaires relatives à des demandes contre diverses associations syndicales; ces associations, au nombre de 296 et comprenant 59,000 hectares, sont malheureusement régies les unes par d'anciennes coutumes, d'autres par des décrets particuliers, d'autres enfin par la loi du 21 juin 1865; de sorte que presque chaque réclamation exige une instruction spéciale. » (Pyrénées-Orientales.)

4. « Il existe dans le département quelques syndicats pour la défense des terrains submersibles contre les débordements de la Garonne, mais l'assiette et la perception des taxes provoquent peu de réclamations. » (Lot-et-Garonne.)

5. Association syndicale des rues d'Alfortville. — On ne signale dans le Calvados que l'association syndicale des marais de la Dives.

cation des rôles et tendant à la décharge de cotes indûment imposées (loi du 3 juillet 1846, art. 6); 2° les états des mêmes comptables rédigés en fin d'année et tendant à la décharge de cotes qui sont à la fois indûment imposées et irrecouvrables (loi du 22 juin 1854, art. 16); 3° les demandes en dégrèvement formées dans les villes de 20,000 âmes et au-dessus pour vacances de locaux, lorsque les ressources du fonds de non-valeurs se trouvent épuisées (loi du 28 juin 1833, art. 5)[1]. »

	1876.	1877.	1878.	1879.
Affaires en instance au 1er janvier . . .	41	37	87	70
Introduites pendant l'année	15,282	16,386	15,129	16,820
Total des affaires à juger	15,323	16,423	15,216	16,890
Affaires jugées.	15,286	16,336	15,146	16,811
Affaires restant à juger au 31 décembre.	37	87	70	79

On remarquera que ces chiffres s'appliquent aux états collectifs et non aux cotes[2]. Le nombre total des cotes comprises dans les états des percepteurs atteint, en 1876, 114,774; en 1878, 107,839; en 1879, 115,278.

1. Quant aux états de cotes simplement irrecouvrables sur lesquels les préfets peuvent statuer sans l'intervention des conseils de préfecture, ils sont rangés, lorsque les préfets les soumettent à ces conseils, parmi les avis en matière non contentieuse.

2. Il semble qu'il y aurait avantage à substituer au nombre des états collectifs celui des cotes, qui fournirait un élément d'appréciation plus exact. Les états collectifs contiennent un nombre de cotes qui peut varier de 1 à 1,000 et au delà, et cette inégalité ne permet guère de les comparer entre eux.

« Ce système, dit le président du conseil de préfecture de la Seine, semble peu équitable appliqué à un département comme celui de la Seine. En effet, si 1,000 états, dans certains départements, correspondent à 3,000 cotes environ, ce même nombre d'états représente 30,000 cotes dans la Seine. » Nous trouvons, en effet, dans ce département, en 1876, 784 états comprenant 26,967 cotes; en 1877, 1,034 états comprenant 25,830 cotes, et en 1878, 844 états comprenant 28,144 cotes. En outre, chaque cote est l'objet d'une décision qui lui est propre et constitue une *affaire* distincte : les motifs de juger peuvent être différents pour chacune d'elles.

Enfin, nous verrons plus loin que la statistique divise les décisions rendues en admissions totales, admissions partielles, rejets et désistements. On serait donc amené par le système actuel à confondre dans la même catégorie, celle des admissions partielles, deux états collectifs de 1,000 cotes chacun, dont l'un renfermera 999 décharges et un seul rejet, et dont l'autre contiendrait une seule admission totale et 999 rejets.

§ 2. — *Travaux publics.*

Nous n'avons plus à insister sur l'importance des affaires de travaux publics et nous avons dit déjà qu'elles se partagent en deux séries : les marchés de travaux publics et les indemnités pour dommages.

1° *Contestations relatives à l'interprétation et à l'exécution des clauses des marchés.* — Nous rappellerons que ces marchés sont passés soit entre l'État et les compagnies de chemins de fer, soit entre les départements ou les villes et les compagnies de tramways, soit enfin entre l'État, les départements, les communes ou les associations syndicales et les entrepreneurs de travaux publics.

Les conseils de préfecture connaissent aussi des marchés pour l'entreprise des services économiques et des travaux industriels dans les prisons, que la jurisprudence a assimilés, au moins au point de vue de la compétence, aux marchés de travaux publics proprement dits.

A cette catégorie se rattachent encore les demandes en paiement d'honoraires formées par des architectes chargés de la direction de travaux publics[1] et les contestations relatives aux subventions et souscriptions volontaires pour l'exécution de travaux publics[2].

Le nombre de ces affaires présente, de 1876 à 1879, une progression ascendante qu'explique l'impulsion donnée depuis quelques années à la construction des forts, des canaux, des routes nationales et départementales, des chemins vicinaux, des voies ferrées, à la création et à l'installation des maisons d'école, etc.[3].

---

1. Le vice-président des Deux-Sèvres signale la tendance fâcheuse des architectes communaux à dépasser les devis qu'ils ont eux-mêmes préparés. — Le vice-président du Tarn fait remarquer, d'autre part, que les communes rurales se montrent peu disposées à acquitter leurs dettes envers l'architecte, entrepreneur ou surveillant des travaux communaux.

2. Lot-et-Garonne.

3. Dordogne, Pyrénées-Orientales, Seine, Seine-et-Marne, Seine-et-Oise, Haute-Vienne.

	1876.	1877.	1878.	1879.
Affaires en instance au 1er janvier . . .	464	479	513	637
Introduites pendant l'année	774	712	817	773
Total des affaires à juger	1,238	1,191	1,330	1,410
Affaires jugées.	759	678	693	709
Affaires restant à juger au 31 décembre.	479	513	637	701

2° *Réclamations pour dommages.* — Ces réclamations sont dirigées le plus souvent par des particuliers, quelquefois par des communes, soit contre l'administration, soit contre les concessionnaires ou les entrepreneurs qui les représentent; elles sont fondées sur les torts et dommages résultant de l'exécution de travaux publics. Elles ne doivent tendre qu'à l'allocation d'une indemnité, le conseil de préfecture ne pouvant prescrire à l'administration, ni d'exécuter, ni de supprimer des travaux. Les demandes relatives aux occupations temporaires et aux extractions de matériaux sont comprises dans cet article.

Comme les contestations sur les marchés de travaux publics et pour les mêmes causes, les réclamations pour dommages ont subi un notable accroissement dans certains départements[1].

	1876.	1877.	1878.	1879.
Affaires en instance au 1er janvier . . .	848	819	1,063	1,239
Introduites pendant l'année	1,324	1,614	1 603	1,401
Total des affaires à juger	2,172	2,433	2,666	2,640
Affaires jugées.	1,353	1,370	1,427	1,489
Affaires restant à juger au 31 décembre.	819	1,063	1,239	1,151

§ 3. — *Affaires communales.*

Le paragraphe consacré aux affaires communales se décompose en deux articles : 1° biens communaux; 2° autres contestations d'intérêt communal.

1° *Biens communaux.* — Cet article comprend exclusivement toutes les contestations d'intérêt municipal relatives à la jouissance, au par-

1. Hautes-Alpes, Haute-Garonne, Meuse.

tage et aux usurpations des biens communaux[1], à l'exception des taxes municipales d'affouage, de pâturage, de pavage, etc., que nous avons vues figurer dans les taxes assimilées[2]. Ces contestations sont peu nombreuses.

	1876.	1877.	1878.	1879.
Affaires en instance au 1er janvier	36	28	29	30
Introduites pendant l'année	169	148	190	141
Total des affaires à juger	205	176	219	171
Affaires jugées	177	147	189	142
Affaires restant à juger au 31 décembre. .	28	29	30	29

2° *Autres contestations d'intérêt communal.* — Cet article comprend les contestations entre l'administration et les communes et établissements publics, et généralement toutes les affaires municipales qui ne figurent ni dans l'article précédent, ni dans ceux relatifs aux taxes assimilées et aux élections. Ce sont notamment les anticipations commises sur les chemins vicinaux, les contestations qui peuvent s'élever entre les villes et les régisseurs d'octroi, les contestations sur l'interprétation des baux entre les fermiers et les villes, les difficultés entre les communes et les propriétaires de halles quant au droit de location et d'acquisition des bâtiments, les contestations entre les départements et les hospices au sujet des indemnités qui peuvent être réclamées de ces établissements pour les asiles d'aliénés, les contestations auxquelles donne lieu l'administration des monts-de-piété[3], etc. Plus nombreuses que les affaires de biens communaux, les autres contestations d'intérêt communal n'atteignent point cependant un chiffre très-élevé.

	1876.	1877.	1878.	1879.
Affaires en instance au 1er janvier	189	133	153	107
Introduites pendant l'année	359	350	372	432
Total des affaires à juger	548	483	525	539
Affaires jugées.	415	330	418	393
Affaires restant à juger au 31 décembre. .	133	153	107	146

1. Voy. A. Lavallée, *Rapport*, p. 252.
2. V. p. 54.
3. Voy. A. Lavallée, *Rapport*, p. 238 et 252.

§ 4. — *Élections.*

Les élections dont le contentieux appartient à la juridiction des conseils de préfecture sont divisées par la statistique officielle en quatre articles : 1° élections départementales; 2° élections communales; 3° élections de maires et adjoints; 4° élections de délégués pour les élections sénatoriales. Quant aux élections de prud'hommes, elles figureront dans le paragraphe des *Affaires diverses.*

Le chiffre des réclamations en cette matière dépend nécessairement du plus ou moins grand nombre d'opérations électorales qui ont eu lieu dans l'année : aussi ce chiffre, très-faible en 1876 et 1877, pour les élections municipales se relève-t-il pour l'année 1878, pendant laquelle s'est effectué le renouvellement des conseils municipaux. Pour les élections départementales le renouvellement partiel des conseils d'arrondissement, effectué à la fin de l'année 1877, a influé sur les chiffres de 1877 et 1878.

1° *Élections départementales.* — Cet article ne comprend plus aujourd'hui, pour tous les départements autres que celui de la Seine, que les élections au conseil d'arrondissement. Dans le département de la Seine, par exception, la connaissance des contestations relatives aux élections au conseil général n'a pas cessé d'appartenir au conseil de préfecture [1].

	1876.	1877.	1878.	1879.
Affaires en instance au 1er janvier	2	0	2	0
Introduites pendant l'année	13	123	58	10
Total des affaires à juger	15	123	60	10
Affaires jugées	15	121	60	10
Affaires restant à juger au 31 décembre. . .	0	2	0	0

Le conseil de préfecture ne pouvant statuer sur les réclamations en matière électorale après l'expiration du délai d'un mois à compter de la réception des pièces à la préfecture, il est rare que le jugement des affaires de cette nature soit reporté d'une année sur l'autre.

1. Conseil de préfecture de la Seine, 1er février 1878, élection Gagnière; Conseil d'État, 26 juillet 1878, même élection. (Lois des 22 juin 1833, art. 51; 20 avril 1834, art. 10; 10 août 1871, art. 16; 16 septembre 1871, 21 mai 1873, 19 mars 1875 et 31 juillet 1875.)

2° *Élections communales.* — Cet article comprend les élections des conseillers municipaux et celles des membres de syndicats[1]; mais les décisions rendues en matière de listes électorales, lorsque les opérations des maires sont déférées au conseil de préfecture par le préfet[2], sont classées, comme les élections de prud'hommes, parmi les *affaires diverses*.

	1876.	1877.	1878.	1879.
Affaires en instance au 1er janvier.	3	3	0	8
Introduites pendant l'année.	717	79	5,717	245
Total des affaires à juger.	720	82	5,717	253
Affaires jugées	717	82	5,709	248
Affaires restant à juger au 31 décembre . .	3	0	8	5

3° *Élections de maires et adjoints.* — La compétence des conseils de préfecture en cette matière résulte de la jurisprudence plutôt que de la législation. « Bien que la loi du 14 avril 1871 soit muette à cet égard », porte une circulaire du ministre de l'intérieur en date du 10 septembre 1876, prise pour l'exécution de la loi du 12 août 1876, « il est de jurisprudence que les dispositions des articles 45 et suivants de la loi du 5 mai 1855, relatifs aux réclamations formées contre l'élection des conseillers municipaux, doivent être étendues par

1. Il s'agit ici des syndicats nommés pour représenter une section de commune soit dans les projets de modification de circonscriptions territoriales (loi du 18 juillet 1837, art. 3), soit dans les projets d'amélioration et d'assainissement des marais et terrains incultes des communes (loi du 28 juillet 1860, art. 2). Malgré le silence de ces lois sur le recours contre les opérations électorales, le Conseil d'État a admis que ces élections étaient assimilées aux élections communales (16 mai 1866, Noyal-sur-Vilaine; 29 avril 1863, Foudeville). Plus récemment, le conseil de préfecture de la Seine s'est prononcé dans le même sens (9 juillet 1880, Lhôte). Quant aux syndicats institués en vertu de la loi du 21 juin 1865, le Conseil d'État a décidé formellement qu'aucun texte n'attribuait aux conseils de préfecture la connaissance des demandes tendant à faire annuler les élections de ces syndicats (18 décembre 1874, Toutain; 14 janvier 1880, Aprille et autres).

M. W. Noyer cite comme rentrant dans la compétence des conseils de préfecture les élections des syndicats des wattringues du Nord, du Pas-de-Calais, de la vallée de Saint-Savin, celles des syndicats de rivières, et comme échappant à cette compétence les élections des syndicats organisés en vertu de l'article 7 de la loi du 16 septembre 1807 et du tableau D, 6°, du décret du 25 mars 1852, ou en exécution de l'ordonnance du 15 juillet 1818 sur les digues et dunes du Pas-de-Calais (*Table de législation*, nos 1024 à 1026). Il serait désirable qu'une révision de la législation amenât l'unité de compétence en matière d'élections syndicales.

2. Décret réglementaire du 2 février 1852, art. 4.

analogie à l'élection des maires et adjoints. (Conseil d'État, 28 mai 1872, élec. de Dommartin.) »

	1876.	1877.	1878.	1879.
Affaires en instance au 1er janvier	1	7	0	1
Introduites pendant l'année	912	33	571	115
Total des affaires à juger	913	40	571	116
Affaires jugées	906	40	570	113
Affaires restant à juger au 31 décembre	7	0	1	3

4° *Élections de délégués pour les élections sénatoriales.* — L'article 8 de la loi du 2 août 1875 attribue, en termes formels, aux conseils de préfecture le jugement des protestations relatives à l'élection des délégués ou des suppléants. Ici encore le nombre des affaires varie suivant qu'il a été procédé au cours de l'année à un renouvellement partiel du Sénat (1876, 1878) ou à de simples élections partielles (1877, 1879).

	1876.	1877.	1878.	1879.
Affaires en instance au 1er janvier	0	0	0	0
Introduites pendant l'année	632	11	237	58
Total des affaires à juger	632	11	237	58
Affaires jugées	632	11	237	58
Affaires restant à juger au 31 décembre	0	0	0	0

§ 5. — *Contraventions.*

Ce paragraphe comprend toutes les décisions rendues sur les contraventions dont la répression appartient aux conseils de préfecture[1].

1. Les anticipations commises sur les chemins vicinaux figurent seules à l'article 2 du § des *affaires communales*. En cette matière, les conseils de préfecture se bornent à vérifier les limites du chemin, à apprécier les arrêtés de délimitation et à ordonner la restitution du sol usurpé ; la répression proprement dite de la contravention appartient aux tribunaux de simple police.

Les contraventions aux lois et règlements touchant le bureau des nourrices à Paris sembleraient devoir être rangées dans les *affaires diverses;* mais nous ne croyons pas qu'en fait le conseil de préfecture ait eu, depuis longtemps, à statuer sur des affaires de cette nature.

Les conseils de préfecture connaissent des infractions aux lois et règlements sur le roulage, sur la grande voirie (routes nationales et départementales, rues de Paris[1], navigation[2], voirie maritime[3]), sur les voies télégraphiques, sur les servitudes militaires; sur les carrières souterraines dans les départements de la Seine et de Seine-et-Oise[4], sur la rivière de Bièvre à Paris, etc.

Il ne serait pas sans intérêt de savoir quelle est la proportion de ces diverses contraventions dans les chiffres inscrits aux tableaux statistiques.

---

1. En 1880, la multiplicité de certaines contraventions a amené le conseil de préfecture de la Seine à user de sévérité à l'égard de contrevenants récidivistes. Quelques entrepreneurs de vidanges, qui avaient à plusieurs reprises déversé des matières soit dans les égouts, soit dans la Seine ou dans la Marne, ont été condamnés au maximum de l'amende, c'est-à-dire à 100 francs dans le premier cas (ordonnance royale du 17 juillet 1781), et à 500 francs dans le second (arrêt du Conseil d'État du roi du 24 juin 1777).

2. En 1879, dans le département du Nord, la plupart des contraventions déférées au conseil de préfecture avaient été commises sur les chemins de halage; mais dans un grand nombre d'espèces le fait relevé ne constituait pas une contravention de grande voirie.

3. Dans la Seine-Inférieure, les contraventions ont augmenté, en 1879, de plus de moitié, par suite de l'encombrement des quais du Hâvre : des arrivages considérables ayant eu lieu simultanément à de certaines périodes, les prix ordinaires des charrois ont subi une si forte augmentation que certains négociants, plutôt que de la subir, ont préféré courir le risque de payer une amende, même élevée. En effet, plusieurs contrevenants récidivistes ont été condamnés progressivement à des amendes de 150 et même de 200 francs.

Dans les Alpes-Maritimes, « depuis qu'un arrêté ministériel du 2 décembre 1875 a interdit l'extraction du gravier et du sable sur le rivage de la mer, il s'est produit une nouvelle catégorie de contraventions qui ont augmenté le nombre des procès-verbaux déférés au Conseil de préfecture ».

Dans le département d'Ille-et-Vilaine, en 1879, des habitants de la commune de Saint-Servan ont, « malgré défenses et procès-verbaux, compromis la solidité des habitations de la plage des Bas-Sablons, en y prenant, même de nuit, du sable de lest ». Quelques-uns ont été condamnés jusqu'à cinq fois la même année et le conseil de préfecture leur a en dernier lieu appliqué le maximum de l'amende, soit 300 francs.

Des faits analogues se sont passés dans le Var. « Plusieurs procès-verbaux dressés à l'occasion d'enlèvements de sable sur les bords de la mer, dans les quartiers où des arrêtés préfectoraux avaient interdit d'opérer ces extractions, ont donné lieu à la condamnation des délinquants à des amendes d'un taux assez élevé. Le conseil a cru devoir user d'une certaine sévérité et appliquer même parfois le maximum, à cause de la fréquence de ces contraventions, qui ont pour conséquence de priver les communes ou le génie maritime du produit de la vente du sable, et surtout de détériorer d'une façon très-dommageable les bords du littoral méditerranéen. Ces enlèvements de sable, opérés par des patrons de bateaux lesteurs, ont provoqué des plaintes très-énergiques de la part des maires dont les communes ont les côtes maritimes dans leur territoire. »

4. Voy. W. Noyer, *Table de législation*, v° Contraventions, et Naudier, *Traité des mines, des minières et des carrières*, p. 502.

	1876.	1877.	1878.	1879.
Affaires en instance au 1er janvier . . .	548	569	630	424
Introduites pendant l'année	3,316	3,749	2,440	3,261
Total des affaires à juger	3,864	4,318	3,070	3,685
Affaires jugées.	3,295	3,688	2,646	3,080
Affaires restant à juger au 31 décembre.	569	630	424	605

Le nombre des jugements portant condamnation à l'amende prononcés par les conseils de préfecture en 1879 s'élève à 2,195; le nombre des personnes condamnées par ces jugements à 2,750, et le total des amendes à 61,418 fr. 29 c., soit une moyenne de 22 fr. 50 c.

§ 6. — *Affaires diverses.*

Ce paragraphe comprend toutes les affaires contentieuses jugées en séance publique qui ne rentrent dans aucune des divisions précédentes. Bien que le nombre en soit très-limité, elles embrassent les matières les plus variées [1]. Ce sont notamment les affaires de contributions indirectes [2], de domaine national, d'élections aux conseils de prud'hommes (listes électorales et opérations électorales) [3], d'établissements insalubres, de logements insalubres [4], de mines [5], etc.

Ce sont encore les réclamations formées par les propriétaires inté-

1. Ne serait-il pas utile de consacrer un paragraphe spécial de la statistique aux matières qui peuvent former une catégorie distincte nettement définie, telles que les contributions directes, les logements insalubres, les établissements insalubres, etc.? (Seine.)

Le paragraphe des affaires diverses ne comprendrait plus guère que les affaires sur lesquelles les conseils de préfecture ne sont appelés qu'exceptionnellement à se prononcer ou celles dont ils sont saisis à tort et qui motivent des décisions d'incompétence.

2. Pour les limites de la compétence des conseils de préfecture en ces matières, voy. A. Lavallée, *Rapport*, p. 278 et suivantes, et Block, *Dictionnaire de l'administration française*, 2e édition, p. 596 et suivantes.

3. Dans la Mayenne, et ailleurs sans doute, « les commerçants et les ouvriers témoignent une fâcheuse indifférence pour les élections de leurs juges. A plusieurs reprises, le conseil de préfecture a dû casser des élections de prud'hommes et de juges consulaires dans lesquelles *un seul électeur* s'était présenté et avait voté pour lui-même. »

4. Le conseil de préfecture de la Loire-Inférieure s'est prononcé pour la première fois, en 1879, sur des recours formés par des particuliers en matière de logements insalubres. Dans la Seine, au contraire, ce contentieux a, depuis plusieurs années, une grande importance.

5. Voy. Naudier, *Traité des mines, minières et carrières*, p. 814.

ressés contre l'application des limites légales aux terrains militaires et aux zones des servitudes défensives autour des places fortes et des postes militaires; les contestations sur la nécessité de l'exercice des droits de pâturage entre les propriétaires de bois qui offrent et les communautés d'habitants qui refusent le rachat de ces droits; les réclamations contre les arrêtés du préfet qui interdisent des travaux entrepris dans le voisinage des sources minérales déclarées d'utilité publique; les contestations attribuées par la loi du 16 septembre 1807 à des commissions spéciales; les indemnités dues pour la privation du droit de pêche ou pour l'établissement d'échelles dans les barrages existants; les contestations relatives au décompte des feuilles des planteurs de tabac[1]; les contraventions aux lois et règlements touchant le bureau des nourrices à Paris[2] et les difficultés relatives au recouvrement des rôles pour la rétribution des nourrices, etc.[3].

	1876.	1877.	1878.	1879.
Affaires en instance au 1er janvier	204	206	256	257
Introduites pendant l'année	844	730	961	899
Total des affaires à juger	1,048	936	1,217	1,156
Affaires jugées.	842	680	960	872
Affaires restant à juger au 31 décembre. .	206	256	257	284

RÉCAPITULATION DES AFFAIRES CONTENTIEUSES JUGÉES EN SÉANCE PUBLIQUE.

Si nous récapitulons les chiffres des divers paragraphes qui composent la section première du tableau statistique, nous voyons que le nombre total des affaires contentieuses jugées en audiences publiques a été :

En 1876 de. 342,789
En 1877 de. 355,680
En 1878 de. 353,890
En 1879 de. 354,692

1. Lot-et-Garonne.
2. Voir la note de la page 63.
3. Voy. A. Lavallée, *Rapport*, p. 275 et suiv.

La progression est constante, car la moyenne des six années précédentes (1870 à 1875) n'était que de 327,621.

2e SECTION. — AFFAIRES NON PORTÉES EN SÉANCE PUBLIQUE.

§ *unique.* — *Comptabilité.*

Ce paragraphe comprend les décisions rendues par les conseils de préfecture sur les comptes des receveurs des communes[1] et des établissements publics[2] ayant moins de 30,000 fr. de revenus, sur les comptes des percepteurs des associations syndicales et sur les comptabilités occultes.

Les affaires de comptabilité forment une part importante des travaux de plusieurs conseils de préfecture, parmi lesquels nous citerons ceux de la Côte-d'Or[3], de la Haute-Garonne, de la Haute-Saône[4], du Nord[5] et de l'Yonne[6].

Elles sont confondues actuellement sous une même rubrique : on pourrait sans doute les diviser en quatre articles correspondant aux comptes des communes, à ceux des établissements publics, à ceux des associations syndicales[7] et enfin aux comptabilités occultes[8].

Une nouvelle catégorie d'affaires augmentera notablement les attributions des conseils de préfecture, si le projet qui soumet les comptes des fabriques à leur juridiction est adopté par les Chambres[9].

---

1. « Le décret du 27 juin 1876 établissant la fixité du traitement pour les receveurs municipaux a simplifié le travail en supprimant la vérification toujours minutieuse du décompte des remises. » (Lot-et-Garonne.)

2. Bureaux de bienfaisance, hospices, fondations charitables, écoles normales primaires, etc.

3. « Le conseil de préfecture de la Côte-d'Or, composé de trois conseillers, juge 950 comptes de gestion par an. »

4. Le département de la Haute-Saône comprend 583 communes et 185 bureaux de bienfaisance.

5. 2,889 comptes ont été jugés en 1879 dans le Nord. « De nombreuses injonctions ont été faites, surtout pour les bureaux de bienfaisance. »

6. Dans l'Yonne, en 1879, le conseil avait à juger 1,489 comptes de gestion.

7. Nous avons dit que les syndicats sont exceptionnellement nombreux dans les Basses-Alpes et dans quelques autres départements.

8. « Il serait bon aussi de faire figurer sous la rubrique comptabilité, mais sous un titre spécial, les comptabilités occultes. » (Aube.)

9. Haut-Rhin, Haute-Saône. — Nous reproduirons dans le chapitre suivant d'intéressantes observations du vice-président de la Mayenne au sujet des comptes des fabriques.

Le vice-président du conseil de préfecture de Loir-et-Cher constate une diminution notable dans les injonctions et les rejets ; les comptables, mieux renseignés par les instructions et plus surveillés par les receveurs des finances, se conforment plus exactement aux prescriptions réglementaires. Cette amélioration semble être générale, à quelques départements près.

On doit désirer de voir diminuer aussi et même disparaître les comptabilités occultes qui sont signalées dans plusieurs rapports : nous en comptons une dans le territoire de Belfort, quatre dans la Corse, autant dans le Doubs[1] et la Haute-Garonne[2], trois dans le Lot-et-Garonne[3], trois dans les Pyrénées-Orientales et deux en Seine-et-Marne.

Dans les comptes de gestion soumis aux conseils de préfecture, la statistique officielle distingue avec raison : 1° les comptes de l'exercice précédent ; 2° les comptes des exercices antérieurs. Nous conservons cette division, dont les résultats sont intéressants à connaître.

1876.	Exercice précédent.	Exercices antérieurs.	Total des comptes.
Affaires en instance au 1er janvier	43	32,735	32,778
Introduites pendant l'année	47,165	9,867	57,032
Total des affaires à juger	47,208	42,602	89,810
Affaires jugées.	16,745	40,245	56,990
Affaires restant à juger au 31 décembre. .	30,463	2,357	32,820

1877.	Exercice précédent.	Exercices antérieurs.	Total des comptes.
Affaires en instance au 1er janvier	110	32,710	32,820
Introduites pendant l'année	49,706	9,028	58,734
Total des affaires à juger	49,816	41,738	91,554
Affaires jugées.	18,803	38,673	57,476
Affaires restant à juger au 31 décembre. .	31,013	3,065	34,078

1. Le conseil de préfecture du Doubs a appliqué, en 1879, à un comptable occulte la pénalité prévue par l'article 1556 de l'instruction générale.

2. « En cette matière, le conseil suit la procédure indiquée par la circulaire ministérielle du 10 septembre 1876. »

3. Le conseil de préfecture de ce département a statué, en 1879, par voie de révision sur les comptes d'un receveur municipal afférents aux gestions 1873, 1874 et 1875.

1878.	Exercice précédent.	Exercices antérieurs.	Total des comptes.
Affaires en instance au 1er janvier	142	33,936	34.078
Introduites pendant l'année	50,719	6,525	57,244
Total des affaires à juger	50,861	40,461	91,322
Affaires jugées.	20,264	38,163	58,427
Affaires restant à juger au 31 décembre. .	30,597	2,298	32,895

1879.	Exercice précédent.	Exercices antérieurs.	Total des comptes.
Affaires en instance au 1er janvier	65	32,830	32,895
Introduites pendant l'année	53,209	7,989	61,298
Total des affaires à juger	53,274	40,819	94,093
Affaires jugées.	20,961	38,087	59,048
Affaires restant à juger au 31 décembre. .	32,312	2,732	35,045

Le chiffre des comptes de gestion a subi, en 1879, une assez forte augmentation dans l'Ain[1] et dans quelques autres départements : elle provient, dit le vice-président de l'Ain, des nombreuses mutations survenues, l'année dernière, dans le personnel des percepteurs[2], mutations qui ont produit un grand nombre de gestions scindées[3].

Admissions, rejets, désistements.

Avant de nous occuper des affaires non contentieuses, nous devons encore faire connaître le chiffre total des décisions définitives rendues en matière contentieuse[4] et indiquer quelle est dans ce total la proportion des admissions totales, des admissions partielles, des rejets et des désistements[5].

1. 1,055 comptes au lieu de 826.

2. La même cause d'accroissement est signalée dans les Côtes-du-Nord, l'Eure, la Meuse, le Tarn-et-Garonne et la Haute-Vienne.

3. Dans la Dordogne, « les gestions intérimaires ou scindées sont jugées les premières dans l'intérêt des comptables dont les cautionnements demeurent affectés à la garantie des gestions apurées ».

4. Nous donnons également dans le paragraphe suivant le nombre des pourvois formés au Conseil d'État contre ces décisions.

5. Les affaires rayées des registres soit pour inaction des parties, soit pour tout autre motif, sont classées dans les désistements.

Pour éviter de multiplier les tableaux, que nous avons été amené à prodiguer dans ce chapitre, nous donnerons seulement les chiffres de la statistique de 1878 ; aussi bien la proportion ne diffère-t-elle pas sensiblement d'une année à l'autre.

Affaires contentieuses jugées en 1878.	Admissions totales.	Admissions partielles.	Rejets.	Désistements.
1re section :				
Contributions directes.	208,896	64,651	64,249	1,676
Travaux publics	666	890	304	260
Affaires communales	254	144	150	59
Élections	2,533	498	3,317	228
Contraventions.	1,838	336	400	72
Affaires diverses	453	220	227	60
Total de la 1re section.	214,640	66,739	68,647	2,355
2e section :				
Comptabilité.	47,502	11,025	21	»
Total des affaires contentieuses.	262,142	77,764	68,668	2,355

Ainsi, le nombre des admissions totales ou partielles représente environ les cinq sixièmes des décisions rendues[1].

---

1. Il ne s'agit ici que des décisions définitives, la statistique ne mentionnant ni les arrêtés préparatoires, ni les arrêtés interlocutoires, qui ne laissent pas d'être assez nombreux dans certains départements et « dont la rédaction ne manque ni de difficultés, ni d'intérêt ». (Seine.)

« Il serait utile, dit aussi le vice-président de l'Aube, de faire connaître le nombre d'affaires qui, sans être jugées définitivement, ont déjà fait l'objet d'arrêtés préparatoires. Presque toutes les affaires de travaux publics ne se terminent que par l'expertise, souvent même par la tierce-expertise. Or, le conseil accorde, en général, deux mois aux experts ou tiers-experts pour faire leur rapport. Une affaire passant par ces différentes phases doit, avant chaque arrêté ordonnant l'expertise ou la tierce-expertise, être soumise à la formalité du dépôt du dossier au greffe pour production des observations écrites. — Trois dépôts de dix jours font un mois. Donc une affaire se présentant dans ces circonstances doit rester, au minimum, cinq à six mois sans recevoir de solution définitive. On comprend alors la nécessité de faire figurer dans la statistique le nombre d'affaires ayant donné lieu à des arrêtés préparatoires, et le nombre de ces arrêtés.

« Ce point a d'autant plus d'importance que je considère comme le plus difficile ce travail préparatoire. Ces arrêtés demandent une connaissance très-approfondie de l'affaire, afin que le travail des experts soit nettement défini, tandis que l'arrêté définitif, qui seul figure dans la statistique, n'est le plus souvent que le résumé de tout le travail préparatoire. »

Pourvois.

La justice administrative, faisait observer M. Lavallée [1], en 1873, s'est fait partout apprécier par l'esprit d'équité qui la guide [2]. « Nous en avons pour preuve, ajoutait-il, le petit nombre de pourvois qui sont formés tous les ans contre les décisions des conseils de préfecture. Sur 400,000 affaires, bien que les pourvois en matière de contributions directes, de contraventions et d'élections aient lieu sans frais au Conseil d'État, où ils n'ont pas besoin d'être introduits par un avocat, c'est à peine si le nombre des arrêtés déférés à la juridiction supérieure s'élève à 1,000 par année [3]. »

Depuis cette époque, le nombre des affaires contentieuses jugées par les conseils de préfecture a dépassé 400,000 [4] et la proportion des pourvois s'est accrue quelque peu. Pendant la période quinquennale de 1873 à 1877, ces pourvois ont atteint le chiffre de 5,693 [5], soit une moyenne annuelle de 1,118 ; mais ce n'est encore qu'une proportion de 1 pourvoi pour 368 arrêtés en premier ressort, et cette proportion paraîtra d'autant moins élevée que l'on tiendra compte du double caractère du Conseil d'État, à la fois tribunal d'appel et tribunal de cassation [6].

---

1. *Rapport*, p. 17.

2. Les conseils de préfecture, « dont l'équité n'a jamais été contestée », a écrit M. Thiers (*Histoire du Consulat et de l'Empire*, t. I, p. 153).

3. 4,800 pourvois de 1861 à 1865, soit une moyenne de 960 par année. Sur ce chiffre, 2,421 décisions ont été infirmées; 2,379 ont été confirmées. (A. Lavallée, *Rapport*, p. 18.)

4. 413,156 en 1877, 410,929 en 1878 et 413,740 en 1879.

5. Voy. Rapport adressé au Président de la République par le garde des sceaux, ministre de la justice, relatif au compte général des travaux du Conseil d'État depuis le 10 août 1872 jusqu'au 31 décembre 1877. (*Journal officiel* du 9 décembre 1878.) — Le rapport adressé au garde des sceaux, ministre de la justice, sur les travaux accomplis par le Conseil d'État, depuis le 18 juillet 1879 jusqu'au 10 août 1880 (*Journal officiel* du 18 août 1880) mentionne comme jugées pendant l'année judiciaire 1879-1880, 1,333 affaires, dont 527 ordinaires et 806 sommaires; mais il n'indique pas de quelle autorité administrative (préfets, ministres, conseils de préfecture, juridictions coloniales ou autres) émanaient les décisions qui ont fait l'objet des pourvois.

6. On relève invariablement, chaque année, une proportion de 11 appels pour 100 jugements rendus en premier ressort, soit en matière civile, soit en matière commerciale. Quant à la Cour de cassation, elle a reçu, en 1878, 663 pourvois en matière civile et commerciale. (Compte rendu de l'administration de la justice civile et commerciale pendant l'année 1878.)

Il est inutile d'insister sur ce résultat : il démontre avec quelle facilité les justiciables acceptent les décisions des conseils de préfecture.

Sur les 5,693 arrêtés des conseils de préfecture déférés au Conseil d'État, 2,442 ont été infirmés [1] et 3,251 ont été confirmés.

2e PARTIE. — AFFAIRES NON CONTENTIEUSES.

1re SECTION. — AUTORISATIONS DE PLAIDER.

Nous répéterons ici que les autorisations de plaider sur lesquelles les conseils de préfecture sont appelés à se prononcer intéressent les communes ou sections de communes, les hospices et les établissements publics, les fabriques et les consistoires protestants ou israélites, les menses curiales ou épiscopales, les chapitres et les séminaires [2].

	1876.	1877.	1878.	1879.
Affaires en instance au 1er janvier	323	333	378	374
Introduites pendant l'année	3,744	3,653	3,540	4,135
Total des affaires à juger	4,067	3,986	3,918	4,509
Affaires jugées	3,734	3,608	3,544	4,091
Affaires restant à juger au 31 décembre	333	378	374	418

Quel que soit l'objet des procès à intenter ou à soutenir [3], objet qui varie comme leur nombre [4] et leur importance, les conseils de préfecture ont toujours pris au sérieux leur rôle de tuteurs des communes [5].

1. On comprend dans ce chiffre de 2,442 toutes les affaires dans lesquelles la requête a été admise totalement ou partiellement.

2. Voy. A. Lavallée, *Rapport*, p. 262 à 286.

3. Dans le département de l'Ariége, les communes co-usagères de pâturages sont continuellement en procès au sujet de la jouissance de ces pâturages qui constituent souvent leur unique ressource.

4. Dans les Alpes-Maritimes, il y a eu, en 1879, 46 demandes en autorisation de plaider pour 153 communes qui composent le département. Il y en a eu 45 dans le département de la Seine, qui ne compte que 80 communes.

5. « Quant au rôle de tuteurs des communes que la loi organique nous a départi, il nous imposait le devoir de veiller scrupuleusement à la conservation de leurs droits. Lorsqu'il s'est agi d'autoriser les communes, nous n'avons pas voulu réduire l'autorisation préalable à une formalité sans portée et sans conséquence. Nous avons apprécié, dans l'examen de chaque dossier, les chances favorables ou défavorables que présentaient les procès, soit sous le rapport de la forme, soit sous le rapport du fond, soit sous le rapport de l'importance des intérêts. Ces différentes questions agitées ont toujours servi de base à nos décisions. Dirai-je

Voici dans quelle mesure ils ont accueilli ou repoussé les demandes d'autorisation de plaider et quel a été le nombre des désistements :

	1876.	1877.	1878.	1879.
	—	—	—	—
Autorisations accordées . . .	3,310	3,238	3,181	3,683
Autorisations refusées	225	228	191	189
Désistements	199	12	172	219
Total des affaires	3,734	3,608	3,544	4,091

2e SECTION. — DÉCISIONS ET AVIS DIVERS DES CONSEILS DE PRÉFECTURE EN MATIÈRE NON CONTENTIEUSE.

Cette section comprend : 1° les décisions des conseils de préfecture ayant pour objet d'autoriser les receveurs des établissements de bienfaisance à donner mainlevée des oppositions formées pour la conservation du droit des pauvres ou à consentir radiation, changement et limitation d'inscriptions hypothécaires, décisions qui rentrent, comme les autorisations de plaider dans les attributions de tutelle administrative[1] ; — 2° les arrêtés pris par les préfets en conseil de préfecture et les avis donnés aux préfets par ces conseils, arrêtés et avis qui constituent la catégorie des attributions consultatives.

Ces attributions sont extrêmement étendues.

1° *Arrêtés du préfet en conseil de préfecture.* — Les arrêtés préfectoraux doivent, à peine de nullité, être pris en conseil de préfecture pour les matières suivantes :

« Établissement de la répartition de l'impôt d'après les décisions rendues par le conseil général sur les réclamations des communes si le conseil d'arrondissement ne s'y est pas conformé ;

également que, pour les cas où les communes demandaient à défendre à des actions intentées contre elles, nous avons tenu à exiger de leurs délibérations des exposés clairs, spéciaux, nettement motivés? » (Jura.)

« ..... En général, il s'agit d'autorisations pour défendre et qui ne peuvent être refusées que dans des cas exceptionnels. Lorsque, au contraire, les communes ou établissements publics demandent à intenter des actions, le conseil apporte la plus grande attention dans l'examen de ces demandes et il en a refusé quelques-unes. » (Alpes-Maritimes.)

1. Voy. A. Lavallée, *Rapport*, p. 286.

« Annulation des délibérations prises par les mêmes conseils hors de leur réunion légale ;

« Approbation des délibérations des conseils municipaux ayant pour objet des acquisitions, des ventes, des échanges d'immeubles ou le partage de biens indivis ;

« Approbation des transactions consenties par les conseils municipaux concernant des objets mobiliers ou immobiliers ;

« Inscription d'office au budget communal de l'allocation nécessaire pour une dépense obligatoire ;

« Ordonnancement d'une dépense régulièrement autorisée et liquidée, en cas de refus par le maire ;

« Approbation des délibérations des conseils municipaux ayant pour objet de changer le mode de jouissance en nature de biens communaux ;

« Approbation des délibérations des conseils municipaux ayant pour objet d'autoriser les maires à donner mainlevée des hypothèques inscrites au profit des communes ;

« Décisions à rendre sur la demande des propriétaires riverains d'une route nationale déclassée dont le sol est délaissé à l'administration des domaines pour être aliéné, à l'effet qu'il soit réservé un chemin d'exploitation ; fixation de la largeur du chemin, qui ne peut excéder 5 mètres ;

« Détermination du nombre d'hectares de terre qu'il sera permis de planter en tabac dans les départements où la culture du tabac est autorisée ;

« Option pour la fourniture du tabac aux manufactures nationales, entre la voie d'adjudication, celle de soumission, celle de traités avec les planteurs ou tout autre mode ;

« Détermination du mode de déclaration à prescrire aux planteurs de tabacs pour l'exportation ;

« Détermination des propriétés qui doivent être cédées, lorsque l'expropriation pour cause d'utilité publique est demandée par une commune ou dans un intérêt communal, ou lorsqu'il s'agit de l'ouverture ou du redressement de chemins vicinaux ;

« Approbation des délibérations des conseils municipaux ou des conseils d'administration des établissements publics, qui autorisent les maires ou administrateurs à aliéner les biens dont la cession a été jugée nécessaire pour l'exécution de travaux publics ;

« Acceptation des offres d'indemnité pour l'expropriation des biens appartenant aux communes ou aux établissements publics [1]. »

Les préfets statuent également en conseil de préfecture sur les matières énumérées dans les douze paragraphes du tableau C annexé au décret du 13 avril 1861 sur la décentralisation administrative [2].

C'est enfin en conseil de préfecture que les préfets procèdent aux adjudications des travaux des ponts et chaussées, des travaux départementaux, etc. [3].

Les attributions des préfets en conseil de préfecture étaient plus nombreuses encore il y a une quinzaine d'années : un certain nombre de ces attributions ont été transportées, soit aux conseils de préfecture statuant au contentieux [4], soit aux tribunaux ordinaires, aux conseils généraux, aux commissions départementales, aux ministres, aux préfets, etc. [5].

2° *Avis des conseils de préfecture.* — Les conseils de préfecture sont appelés à émettre leur avis soit sur les affaires que le préfet doit leur soumettre aux termes des lois spéciales, soit sur celles à propos desquelles il croit utile de les consulter.

Dans la première catégorie, nous citerons les demandes en autorisation pour les établissements dangereux, insalubres et incommodes appartenant à la 1re classe, lorsqu'il y a des oppositions [6]; les transactions des communes sur toutes sortes de biens, quelle qu'en soit la valeur [7], etc. [8].

---

1. A. Lavallée, *Rapport*, p. 288 à 299, *passim*.

2. Voy. décrets des 25 mars 1852, tableau C, et 13 avril 1861, tableau C; pour l'Algérie, décret du 27 octobre 1858 et décision impériale du 21 décembre 1861. — Voy. aussi Block, *Dictionnaire de l'administration française*, 2e édition, p. 600 et 601, et W. Noyer, *Table de législation*, nos 1364 à 1457.

3. Voy. W. Noyer, *Table de législation*, nos 1366 à 1371.

4. Loi du 21 juin 1865, art. 11 : « A l'avenir seront portées devant les conseils de préfecture toutes les affaires contentieuses dont le jugement est attribué au préfet en conseil de préfecture, sauf recours au Conseil d'État. »

5. Voy. W. Noyer, *Table de législation*, nos 1458 à 1477, et loi du 10 août 1871, art. 43 et art. 87, § 1er.

6. Cet avis préalable ne doit pas être confondu avec les attributions contentieuses des conseils de préfecture en matière d'établissements insalubres.

7. Cet avis précède l'arrêté pris par le préfet en conseil de préfecture.

8. Voy. W. Noyer, *Table de législation*, nos 1346 et suivants, et Block, *Dictionnaire de l'administration française*, p. 601.

Les préfets ont la faculté de demander l'avis des conseils de préfecture sur toutes les affaires administratives dont la solution leur appartient en propre, sur les états de cotes irrecouvrables ou sur les demandes en remise ou en modération en matière de contributions directes, par exemple.

	1876.	1877.	1878.	1879.
	—	—	—	—
Affaires en instance au 1er janvier.	106	103	72	411
Introduites pendant l'année. . . .	27,538	28,044	27,902	29,415[1]
Total des affaires à examiner . . .	27,644	28,147	27,974	29,826
Affaires examinées	27,541	28,075	27,563	29,799
Affaires restant à examiner au 31 déc.	103	72	411	27

Résumé du tableau statistique.

En résumé, les conseils de préfecture se sont prononcés, pendant les quatre années 1876, 1877, 1878 et 1879, sur 1,765,559 affaires tant contentieuses qu'administratives, soit sur une moyenne annuelle de 441,389 affaires qui se décomposent ainsi :

	1876.	1877.	1878.	1879.
	—	—	—	—
Affaires contentieuses	399,779	413,156	410,929	413,740
Affaires administratives . . .	31,275	31,683	31,107	33,890
Total.	431,054	444,839	442,036	447,630
	1,765,559			

La part du conseil de préfecture du département de la Seine dans les affaires jugées représente près d'un vingtième du chiffre que nous venons d'indiquer ; elle atteint, pour les quatre années 1876, 1877, 1878

1. En 1879, le chiffre des décisions et avis divers a subi une augmentation notable dans le département des Alpes-Maritimes. Cette augmentation « provient du grand nombre d'actes auxquels a donné lieu l'acquisition des terrains pour les chemins vicinaux ».

et 1879, 79,025 affaires, soit une moyenne annuelle de 19,756 affaires. Voici le détail de ces affaires :

	1876.	1877.	1878.	1879.
Contributions directes.	13,011	14,833	14,284	14,417
Travaux publics	151	62	117	166
Affaires communales	4	4	0	6
Élections	4	0	20	12
Contraventions	288	392	349	403
Affaires diverses.	104	27	31	165
Comptabilité.	127	119	158	168
Total des affaires contentieuses. . .	13,689	15,437	14,959	15,337
Autorisations de plaider.	28	25	30	45
Autres affaires non contentieuses. .	5,188	5,591	4,214	4,482
Total des affaires non contentieuses.	5,216	5,616	4,244	4,527
Total des affaires jugées.	18,905	21,053	19,203	19,864
	79,025[1]			

Ces résultats permettent, comme le voulait la circulaire ministérielle du 31 octobre 1873, d'« apprécier l'importance des travaux des conseils de préfecture ». Ils font voir aussi quelle était l'illusion des adversaires de la juridiction administrative, lorsqu'ils prétendaient supprimer d'un trait de plume les conseils de préfecture et croyaient pouvoir répartir, comme une mince besogne, les attributions contentieuses de ces conseils entre l'administration et les tribunaux ordinaires. Nous examinerons rapidement, dans la dernière partie de cette étude, les objections que soulèverait l'application d'une théorie qui semble être d'ailleurs à peu près abandonnée.

1. Dans ce chiffre ne sont point compris les arrêtés par lesquels le président du conseil de préfecture taxe les honoraires des experts.

CHAPITRE VI.

Observations auxquelles peut donner lieu sur quelques points la législation relative aux conseils de préfecture.

ORGANISATION. — PROCÉDURE. — COMPÉTENCE.

« Il suffit », dit le vice-président du conseil de préfecture de la Drôme, « de jeter les yeux sur l'ensemble des affaires soumises aux conseils de préfecture pour se convaincre que cette juridiction ne saurait disparaître sans inconvénient[1]. »

Et le vice-président de Seine-et-Marne : « Je ne discuterai pas la question de savoir si les conseils de préfecture doivent être maintenus ou s'ils doivent être supprimés, comme le proposait la commission de décentralisation de l'Assemblée nationale. Pour moi, Monsieur le Ministre, la question n'est pas douteuse : l'administration doit rester juge de son contentieux[2]. Après les publications sans nombre qui ont paru

1. « La question de la nécessité ou de l'utilité d'une juridiction spéciale pour le contentieux administratif a été, à diverses époques, le sujet de très-vives controverses. Aujourd'hui, on paraît reconnaître généralement que les justiciables auraient plus à perdre qu'à gagner à la suppression des conseils de préfecture. La célérité de la procédure devant les tribunaux administratifs et, par suite, la modicité des frais, sont des avantages très-précieux, qui, en dehors même de considérations d'un ordre plus élevé, doivent, aux yeux d'un gouvernement soucieux des intérêts de tous, militer en faveur du maintien de cette juridiction. » (Isère.)

2. « L'institution des conseils de préfecture est un legs de la Révolution qui en avait emprunté le principe aux plus respectables traditions du passé : elle doit son organisation aux esprits les plus éminents, à des jurisconsultes dont le nom fait autorité. Loin de l'affaiblir, le temps l'a consacrée et en a singulièrement élargi les attributions. L'opinion publique s'est constamment montrée favorable au maintien de ces conseils dont l'équité n'a jamais été contestée, suivant le témoignage de notre historien national, M. Thiers, et dont le public aime les formes rapides. Il appartient au Gouvernement de la République, soucieux des intérêts supérieurs de la société, d'apporter aux tribunaux administratifs les derniers perfectionnements que réclament les aspirations progressives du pays. » (Var.)

sur ce sujet, après surtout le rapport présenté à l'un de vos prédécesseurs, en 1873, par une commission composée de MM. Hébert, Saint-Yves, Guillaume, Morgand et Lavallée, la discussion de cette question vous paraîtrait oiseuse[1]. »

Nous renverrons, nous aussi, ceux qui conserveraient quelque doute sur la question au *Rapport* de M. A. Lavallée : la nécessité et la légitimité de la juridiction administrative y sont nettement établies et les arguments présentés en faveur de la suppression des conseils de préfecture y sont réfutés de la manière la plus péremptoire[2]. Nous rappellerons seulement ici quelques-unes des propositions démontrées dans ce rapport :

L'opinion publique ne s'est point associée aux attaques dirigées par un petit nombre d'écrivains ou d'hommes politiques contre les tribunaux administratifs ; elle s'est prononcée à diverses reprises pour le perfectionnement plutôt que pour la suppression de cette juridiction. L'exemple de quelques pays étrangers où, prétendait-on, la juridiction administrative n'existerait pas, est loin d'être aussi concluant qu'on a bien voulu le croire : « Dans aucun pays l'unité de juridiction n'existe ; nulle part l'autorité judiciaire ne se trouve en pleine possession du contentieux administratif[3]. » En effet, le pouvoir amovible et responsable a besoin d'être protégé contre les empiétements de l'autorité judiciaire et il est nécessaire d'assurer la liberté d'action de l'administration sous le contrôle du pouvoir législatif. Pour comprendre quel serait le danger de la toute-puissance de l'autorité judiciaire, il suffit de se rappeler les abus d'autorité des parlements. Quant à l'argument tiré de ce que l'administration serait juge et partie dans sa propre cause, argument plus spécieux que fondé en réalité, il tomberait le jour où la loi enlèverait au préfet la présidence du conseil de préfecture. D'autre part, le jugement des contestations administratives exige des connaissances et une pratique spéciales, et l'unité de jurisprudence, si nécessaire notamment en matière de travaux publics, ne pourrait être établie par la

---

1. Seine-et-Marne, Tarn.

2. V. aussi Th. Ducrocq, *Cours de droit administratif*, 5e édition, 1877, tome Ier, p. 226 et suivantes, et p. 251 et suiv.

3. A. Lavallée, *Rapport*, p. 30. — V. aussi : Maurice Block, *Dictionnaire de l'administration française*, 2e édition, 1878, v° *Juridiction administrative*, p. 1108, col. 2.

Cour de cassation comme elle l'est par le Conseil d'État[1]. Enfin, l'attribution du contentieux administratif pour la plus grande partie aux tribunaux ordinaires, pour le surplus à l'administration elle-même, ferait perdre aux justiciables, dans le premier cas, tous les bénéfices de célérité et d'économie qu'ils trouvent dans la procédure des conseils de préfec-

---

1. Nous ne pouvons paraître ignorer qu'il a été question des conseils de préfecture dans de récents travaux qui empruntent une autorité particulière au nom et à la situation de leurs auteurs. Nous voulons parler du discours prononcé, au mois de novembre 1880, lors de la rentrée des tribunaux, par M. le sénateur Dauphin, procureur général près la Cour d'appel de Paris, sur « les réformes dans l'administration de la justice » et des articles publiés par M. Georges Picot, membre de l'Institut, dans la *Revue des Deux-Mondes* et réunis depuis en un seul volume sous le titre de : *la Réforme judiciaire en France*.

M. le procureur général Dauphin déclare que la théorie qui rend à la magistrature civile la plénitude de juridiction et supprime les tribunaux administratifs « est absolument inconciliable avec notre régime politique ». Il affirme donc le principe de la séparation des pouvoirs, tout en comprenant qu'il « ait paru quelquefois lourd à subir quand les gouvernements personnels, entourés de chambres muettes ou complaisantes, pouvaient, dans la plénitude de leur puissance, imposer au pays les rigueurs et l'arbitraire d'un régime administratif ». Puis, après avoir transformé l'institution des juges de paix, et désireux d'étendre leur compétence, il « recherche à leur profit dans la compétence des conseils de préfecture les affaires qui, par leur nature, comme les contraventions en matière de grande voirie, de navigation et de servitudes de guerre, appartiennent logiquement aux juges ordinaires de répression ».

M. Georges Picot se rencontre sur plus d'un point avec M. le sénateur Dauphin ; mais il ne se borne pas à toucher à la compétence des conseils de préfecture. Il rend hommage, lui aussi, au principe « profondément sage » de la séparation des pouvoirs; mais il pense qu' « il a été exagéré avec le temps » et que « la loi et la jurisprudence ont l'une et l'autre dépassé la mesure ». Il critique, comme aggravant la confusion des pouvoirs, l'attribution des impôts directs et du contentieux de la grande voirie aux conseils de préfecture, alors que la matière des contributions indirectes et la petite voirie appartiennent à la justice ordinaire ; il se plaint que « des contraventions souvent fort délicates soient soumises à des conseillers de préfecture amovibles qui prononcent des amendes comme si les prévenus étaient entourés des garanties de la justice répressive »; il s'étonne qu'on dessaisisse la justice ordinaire « en élevant un conflit, parce que le demandeur en dommages-intérêts, victime d'un accident, a été renversé par la voiture d'une administration publique ou parce que le préjudice a été causé par un entrepreneur adjudicataire de l'État ».

Il ne méconnait pas les mérites des tribunaux administratifs : « La juridiction administrative avait pour elle, dit-il, deux attraits puissants : une procédure simple, peu coûteuse, aisée à comprendre et plaisant aux parties, puis l'esprit même du Conseil d'État qui, en mettant à part les affaires politiques, s'est montré de tout temps libéral, d'un accès facile, tempérant le droit strict par des mesures d'équité, mêlant avec habileté, ce que ses défenseurs n'ont jamais manqué de faire valoir, le rôle gracieux de l'administration à la sévère mission du juge »; mais il conteste que la juridiction administrative, dans sa forme actuelle, offre des garanties suffisantes et il nous montre « nos conseils de préfecture sous la main des préfets, le Conseil d'État sous la main des ministres ». Il fait valoir que « des nations de même race, comme l'Italie, de même langue, comme la Bel-

ture; dans le second cas, les garanties que leur assurent l'instruction écrite et la publicité des audiences[1].

Sans insister sur ce point, nous ajouterons avec M. A. Lavallée[2] que la substitution des tribunaux ordinaires aux conseils de préfecture entraînerait un surcroît considérable de dépenses[3] et qu'il faudrait en

---

gique, ayant toutes deux des institutions libres et des législations calquées sur la nôtre », ont confié à la justice le contentieux administratif.

Sans « aller aussi loin », sans « détruire les conseils de préfecture », M. Georges Picot propose de « constituer leur indépendance, de les relever en leur accordant la plénitude de juridiction qu'ils réclament depuis longtemps, de les éloigner du préfet qui leur enlève toute autorité, de les placer au centre d'un groupe de départements en réduisant leur nombre à dix ou douze pour toute la France. »

« Cette réforme, ajoute-t-il, ne deviendrait-elle pas considérable, si, au-dessus d'eux, la juridiction supérieure qui forme aujourd'hui une des sections du Conseil d'État, était rattachée à la Cour suprême, devenue ainsi l'interprète universelle de la loi française ? La juridiction administrative, plus concentrée, composée au premier degré de membres plus savants, garderait de la sorte son caractère de spécialité, empruntant à la Cour suprême les garanties communes à toute justice, conservant, dans la sphère nouvelle où elle serait appelée à se mouvoir, son indépendance, et tirant un grand profit d'une juxtaposition en une même compagnie, dont les diverses sections seraient chargées d'interpréter les lois civiles, administratives et fiscales, aussi bien que la législation commerciale et criminelle. »

Nous ne prétendons point discuter ici les propositions émises par ces deux éminents jurisconsultes ; mais nous demandons à leur soumettre quelques observations.

Serait-il conforme au principe de la séparation des pouvoirs d'attribuer aux tribunaux ordinaires la connaissance des contraventions de grande voirie et de servitudes militaires, ou, en d'autres termes, de confier au pouvoir judiciaire la conservation du domaine public et des places de guerre? Ne sont-ce point là des matières essentiellement administratives?

Ne peut-on soutenir, d'ailleurs, que les formes de la procédure administrative, instruction écrite, publicité des audiences, observations orales, expertise même, s'il y a lieu, assurent aux contrevenants des garanties au moins équivalentes à celles que leur donne le Code d'instruction criminelle?

D'autre part, s'il convient d'assurer l'indépendance des conseils de préfecture, de les détacher du préfet, est-ce bien les « relever » que de les réduire au nombre de dix à douze pour toute la France et, par suite, de rendre leur accès plus difficile, sinon aussi onéreux pour les plaideurs, que l'est celui des cours d'appel elles-mêmes?

Enfin, serait-ce vraiment conserver la juridiction administrative et maintenir la séparation des pouvoirs, que de substituer au Conseil d'État, tribunal administratif suprême, une chambre de la Cour de cassation qui, placée à côté des autres chambres de cette Cour, composée comme elles de magistrats inamovibles, pénétrée de cet esprit de corps qui anime les grandes compagnies, n'aurait bientôt plus d'administratif que le nom?

1. Voy. A. Lavallée, *Rapport*, p. 13 à 60, *passim*.

2. *Rapport*, p. 123 et suivantes.

3. Le traitement des 299 membres des conseils de préfecture figure au budget de 1880 pour 895,000 francs. Le traitement des 2,471 membres des tribunaux de première instance (greffiers non compris) figure au même budget pour 8,890,475 francs.

outre pourvoir aux fonctions que remplissent individuellement les membres de ces conseils. L'importance de ces attributions est telle[1], que si l'on supprimait les conseils de préfecture, on serait encore obligé de conserver les conseillers de préfecture[2]. Les adversaires de la juridiction administrative auraient montré sans doute moins de vivacité dans leurs attaques s'ils s'étaient rendu un compte plus exact des difficultés que présenterait l'application de leurs théories.

Toutefois, si les conseils de préfecture sont nécessaires, si les services qu'ils rendent sont incontestables, ce n'est pas à dire que leur organisation, leur procédure, leur compétence, ne méritent aucune critique, n'appellent aucune réforme. Loin de là, les critiques de détail sont nombreuses, si nombreuses même que nous devrons, pour la plupart d'entre elles, nous borner à en exposer l'objet ; la discussion de toutes les questions soulevées remplirait un volume et nous avons d'ailleurs à faire connaître l'opinion des vice-présidents des conseils de préfecture plutôt que nos appréciations personnelles.

I.

ORGANISATION.

La loi du 28 pluviôse an VIII, qui a institué les conseils de préfecture, n'exigeait des candidats aux fonctions de conseiller aucune condition d'âge, aucune garantie de capacité. Il en fut ainsi jusqu'en 1865. L'article 2 de la loi du 21 juin 1865 décida que nul ne pourrait être nommé conseiller de préfecture, s'il n'était âgé de 25 ans accomplis ; s'il n'était, en outre, licencié en droit, ou s'il n'avait rempli, pendant dix ans au moins, des fonctions rétribuées dans l'ordre administratif ou judiciaire, ou bien s'il n'avait été, pendant le même espace de temps, membre d'un conseil général ou maire.

---

1. V. p. 19.

2. On a proposé de créer un second secrétaire général dans certaines préfectures ; ce secrétaire général, qui serait nécessaire dans toutes les préfectures et non dans quelques-unes seulement (voy. A. LAVALLÉE, *Rapport*, p. 124), ne saurait remplacer les trois ou quatre conseillers (à Paris, le président et les huit conseillers), qui sont parfois délégués pour remplir à la même heure des fonctions différentes.

Depuis, on a jugé ces conditions insuffisantes[1] et le projet de loi relatif aux conseils de préfecture élaboré par la commission administrative de 1873 débute par un article ainsi conçu :

« Nul ne peut être nommé conseiller de préfecture s'il n'est âgé de 27 ans accomplis et s'il ne justifie du diplôme de licencié en droit et d'un diplôme spécial, dont les conditions sont déterminées par un règlement d'administration publique.

« Néanmoins, le diplôme spécial n'est pas exigé des candidats qui ont rempli pendant cinq ans des fonctions rétribuées dans l'ordre administratif et judiciaire, ou qui ont été, pendant dix ans, membre d'un conseil général, maire, avocat, notaire ou avoué[2]. »

Cette disposition favorise, d'une part, le recrutement des conseils de préfecture en permettant au Gouvernement de choisir leurs membres parmi les avocats, les notaires, les avoués ; elle rend, d'autre part, moins facile l'accès de ces conseils en exigeant de tous les candidats l'âge de 27 ans et le diplôme de licencié en droit, et de plus, en dehors des catégories indiquées, un diplôme spécial[3].

Mais ces modifications ne produiraient que des résultats incomplets si l'on n'assurait en même temps aux conseillers de préfecture une situation moins précaire, une carrière plus sûre : aussi a-t-on proposé de leur donner un traitement plus élevé et des garanties d'indépendance.

« Il serait convenable », écrit le vice-président du conseil de préfecture du Var, « pour que la fonction de conseiller de préfecture ne pût être considérée par ceux qui en sont investis comme le début d'une carrière administrative[4], qu'elle vît son importance et son pres-

---

1. « La loi du 21 juin 1865 a formulé certaines conditions, mais elles sont insuffisantes. Un jeune homme, licencié en droit, qui n'a pas pris part à l'administration pendant quelques années, ne saurait être un juge du contentieux administratif ». (E. Bidault, *De la Justice administrative en France*, p. 21.)

2. A. Lavallée, *Rapport*, p. 155.

3. Nous parlerons tout à l'heure du stage qui pourrait être imposé aux candidats.

4. « Le caractère des conseils de préfecture a été complètement méconnu. On a voulu en faire la pépinière des sous-préfectures, alors que cette proposition devait être renversée et que l'on devait, au contraire, choisir pour juges administratifs des hommes accoutumés aux règles de la justice ou connaissant l'administration ». (E. Bidault, *De la Justice administrative en France*, p. 21.)

« Le conseil de préfecture n'est considéré que comme le premier échelon à franchir. Les affaires contentieuses sont parfois négligées par les conseillers pour leurs fonctions actives, qui leur permettent de se faire connaître, de rendre des

tige s'accroître. Les membres du conseil de préfecture, tout en prêtant un concours plus efficace à l'action de l'autorité préfectorale par la considération qui les environnerait, pourraient, en renonçant à des positions plus élevées, consacrer à l'éminente fonction de l'administration de la justice, toutes leurs aptitudes et le fruit de leur expérience. L'augmentation des traitements actuels, qui sont de 1,900 fr. pour les troisièmes classes, de 2,800 fr. pour les secondes et de 3,700 fr. pour les premières, défalcation faite de la retenue pour les retraites, s'impose inévitablement[1]. L'arrêté du gouvernement du 17 ventôse an VIII porte que le traitement alloué aux conseillers de préfecture sera le dixième du traitement des préfets. Il est à remarquer qu'à cette époque la fonction de conseiller de préfecture était en quelque sorte purement honorifique, et qu'elle pouvait être cumulée avec l'exercice d'autres professions lucratives, telles que celles d'avocat, avoué, notaire. Les dernières dispositions légales ont maintenu cette base insuffisante de traitement, en l'aggravant par l'interdiction de toute autre profession, et par la nécessité de produire un diplôme de licencié en droit et d'avoir 25 ans d'âge. Et cependant la valeur relative de l'argent est loin d'être aujourd'hui la même qu'à cette époque. Il serait

---

services et d'arriver au comble de leurs désirs : la sous-préfecture ou le secrétariat général.

« Ne serait-il pas temps de faire du conseil de préfecture une véritable carrière avec des avantages et dans des conditions plus enviables et en y introduisant des hommes plus mûrs, plus versés dans l'étude et la pratique des affaires et n'ayant pas de plus hautes visées ? » (Savoie.)

1. « . . . Le traitement des conseillers de préfecture est absolument insuffisant; ce traitement n'est nullement en rapport avec les dépenses de tout genre qu'entraîne cette fonction. » (Hautes-Pyrénées.)

« . . . Il serait indispensable de faire de cette carrière si honorable une position un peu plus lucrative. » (Rhône.)

« On devrait relever le chiffre des traitements. Comment serait-il possible qu'un conseiller de préfecture de 3e classe, par exemple, à qui on impose un double et coûteux uniforme, qui à chaque instant est appelé à remplacer le secrétaire général ou le préfet, qui est par conséquent en vue et obligé à des frais de représentation, pût vivre, s'il n'a pas de fortune, avec 2,000 francs d'appointements ? » (Savoie.)

Dans le département de l'Isère, l'élévation du conseil de préfecture à la 1re classe, qui est demandée, devrait, pour n'entraîner aucune aggravation budgétaire, coïncider avec une réduction du nombre des membres du conseil. « Trois conseillers pourraient facilement faire le travail et cette combinaison, sans nuire à la bonne administration de la justice, permettrait de donner aux magistrats qui en sont chargés un traitement plus en rapport avec la dignité et l'importance de leurs fonctions. »

La suppression d'un conseiller dans les départements où il existe quatre conseillers est également proposée par le vice-président de la Côte-d'Or.

contraire aux principes d'un gouvernement libéral qui admet l'égale participation des citoyens à toutes les fonctions, que certaines d'entre elles fussent invinciblement fermées à quelques-uns malgré les garanties d'instruction et d'aptitude qu'ils pourraient offrir, à cause de la trop grande modicité du traitement attaché à ces mêmes fonctions. Les membres du tribunal administratif occupent dans une préfecture un rang hiérarchique élevé; il est contraire à la dignité de leurs fonctions qu'ils soient moins rétribués que la plupart des employés de cette même préfecture[1]. Magistrats ayant juridiction dans le département entier, il paraît peu logique qu'ils soient, au point de vue du traitement, placés au-dessous des juges d'arrondissement ou de juges de paix, alors surtout qu'en leur qualité de délégués du préfet, dont ils sont les véritables auxiliaires, ils sont tenus à des obligations qui les mettent en évidence, au point de vue des relations sociales, ou qui leur imposent de réelles charges, ne serait-ce que celle de suppléer temporairement les sous-préfets, ou de procéder à des enquêtes administratives sur divers points du département[2]. »

Ces observations sont trop fondées pour n'être pas accueillies, alors surtout que la Chambre vient de relever dans des proportions considérables le traitement des magistrats de l'ordre judiciaire.

Il serait également désirable « que la classe fût attachée à la personne et non à la résidence, le nombre et l'importance des affaires d'un département devant influer sur le nombre des conseillers et non sur leur traitement, qui doit, en général et à quelques exceptions près, relatives aux grandes villes où la vie est plus dispendieuse, être proportionné à la durée et à la qualité des services ; — et qu'enfin, comme conséquence de l'observation qui précède, des règles établies pour l'avancement permissent à un juge administratif de voir sa position

---

1. Il en est ainsi même pour le conseil de préfecture de la Seine, plus favorisé en apparence que les conseils des départements. Dans la Seine, le traitement des commissaires du Gouvernement est de 7,000 francs, alors que celui des chefs de bureau de la préfecture atteint 8,000 francs; le traitement des conseillers est de 10,000 francs, alors que celui des chefs de division atteint 11,000 francs; le traitement du président est de 15,000 francs, alors que celui des directeurs varie de 21,500 à 24,500.

2. « . . . Il serait bon d'accorder à ces fonctionnaires la gratuité du parcours sur les chemins de fer de leur département, soit afin de leur faciliter la vérification des lieux, procédure quelquefois indispensable, soit afin de diminuer leurs frais lorsqu'ils sont envoyés par le préfet en mission sur un point quelconque du département (en cas de grève, par exemple), ou lorsqu'ils sont appelés à accompagner le préfet lors des conseils de révision. » (Hautes-Pyrénées.)

s'améliorer tous les quatre ou cinq ans, par exemple, sans subir un déplacement onéreux qui peut lui enlever pour un an ou deux tous les bénéfices de son avancement[1]. »

Bien qu'elles ne doivent rien ajouter en fait à l'indépendance et à l'impartialité de leurs décisions[2], les garanties que l'on réclame en faveur des conseillers de préfecture ne seraient pas pour eux un moindre avantage que l'élévation des traitements et l'avancement sur place ; elles contribueraient surtout à accroître, comme on l'a demandé[3], le prestige de la juridiction.

L'inamovibilité serait-elle une des garanties nécessaires ? Mais l'inamovibilité, que n'ont pas certains magistrats de l'ordre judiciaire, n'est ni toujours suffisante, ni indispensable pour procurer une bonne justice[4]. En outre, les conditions d'existence de la juridiction administrative s'opposeraient à l'inamovibilité des conseillers[5], alors même qu'ils n'auraient plus que des attributions contentieuses[6]. Les conseils de préfecture « ayant été créés dans la crainte que l'indépendance absolue des corps judiciaires ne fût un obstacle pour la marche des affaires administratives qui exigent une rapide expédition, il serait

---

1. Charente-Inférieure.

« Il faudrait créer, peut-être, un plus grand nombre de classes comme pour les tribunaux, favoriser l'avancement sur place, régulier, plus rapide et se hâter par conséquent de faire disparaître les décrets des 27 mars 1852 et 25 juillet 1855 qui ne permettent qu'après dix ans d'exercice et dans le même arrondissement le traitement de la classe supérieure.

« . . . N'est-il pas juste, en effet, comme le dit M. Flandin, vice-président d'Indre-et-Loire, dans son opuscule sur les modifications proposées pour les tribunaux administratifs, « que la position des conseillers soit améliorée sur place, au fur et à mesure ; que le conseiller soit rémunéré en raison de son ancienneté, surtout de son travail et de la situation qu'il occupe dans le conseil. » (Savoie.)

2. « En fait, la plus grande latitude est laissée aux conseils pour leurs décisions ; cependant, l'indépendance des présidents et des conseillers ne sera réelle et surtout l'opinion publique ne croira à cette indépendance que lorsque la loi aura entouré leur révocation de certaines conditions... » (Côte-d'Or.)

3. Var.

« . . . L'opinion publique n'a presque pas cessé de demander pour eux des garanties d'indépendance. » (A. Lavallée, *Rapport*, p. 135.)

4. Voy. A. Lavallée, *Rapport*, p. 43.

5. « Ce n'est pas au moment où l'inamovibilité de la magistrature est si vivement attaquée qu'il conviendrait de demander (comme déjà du temps de la Restauration l'avaient fait MM. de Cormenin et Macarel et après eux plusieurs savants auteurs de droit administratif) qu'elle fût étendue encore et appliquée aux tribunaux administratifs, ce qui, en l'état, ne pourrait se faire d'ailleurs sans apporter peut-être quelques entraves à l'action gouvernementale. » (Savoie.)

6. Voy. A. Lavallée, *Rapport*, p. 135.

tout à fait contraire à l'esprit de leur institution de leur donner précisément cette indépendance absolue »[1].

Pour assurer aux conseillers de préfecture une indépendance raisonnable, il paraîtrait suffisant qu'ils ne pussent être révoqués sans l'avis du Conseil d'État. C'est ce qu'avaient proposé plusieurs auteurs[2] ; c'est ce que demande le vice-président du conseil de préfecture de la Côte-d'Or[3] ; c'est enfin ce que décide l'article 2 du projet de loi préparé en 1873 : « Les conseillers de préfecture ne peuvent être révoqués que par un décret rendu de l'avis du Conseil d'État[4]. »

Ce serait encore donner satisfaction à des scrupules, moins fondés qu'on ne le croit, mais trop généralement répandus dans le public pour qu'on n'en tienne pas compte, que d'enlever aux préfets la présidence des conseils de préfecture. Sur ce point, tout le monde est d'accord[5], et les préfets se verraient sans regret privés d'une prérogative à laquelle ils ont déjà renoncé[6].

Cette suppression aurait, au point de vue de l'organisation et du

---

1. Proudhon, *Traité du Domaine public*, t. Ier, p. 161. — Voy. E. Bidault, *De la Justice administrative en France*, p. 22.

2. « Mais dans l'intérêt d'une indépendance raisonnable, il nous semblerait juste d'admettre que les conseillers de préfecture ne pourraient être révoqués qu'après avoir été mis en demeure de se justifier devant une commission spéciale du Conseil d'État. » (E. Bidault, *De la Justice administrative en France*, p. 22.)

Après avoir rappelé la proposition faite en 1851 par le Conseil d'État d'« établir une commission auprès du ministère de l'intérieur pour apprécier la conduite des conseillers de préfecture qui sembleraient dans le cas d'être révoqués (voir le rapport de M. Boulatignier, p. 95), et la proposition faite en 1870 par la commission extraparlementaire de décentralisation d'exiger, avant la révocation, un avis conforme du Conseil d'État, M. A. Lavallée se prononce pour cette dernière solution. « L'examen du Conseil d'État, dit-il, inspirera plus de confiance aux conseillers de préfecture que celui d'une simple commission ; le public y verra aussi une plus grande garantie, qui assimilera davantage à ses yeux le juge administratif au juge des tribunaux judiciaires. Cette dernière considération ne pouvait pas être négligée. » (*Rapport*, p. 136.)

3. « . . . Lorsque la loi aura entouré leur révocation de certaines conditions, comme celle de l'avis conforme du Conseil d'État. »

4. A. Lavallée, *Rapport*, p. 155.

5. Eure, Isère, Nièvre, Hautes-Pyrénées, Rhône, Sarthe, Savoie, Var, etc.

« La suppression de la présidence du préfet en matière contentieuse avait été proposée par le Conseil d'État dès 1851. » (A. Lavallée, *Rapport*, p. 138.)

Voir le projet de loi présenté par la commission extraparlementaire de décentralisation (1870), le projet de loi dû à l'initiative de M. Josseau (1870), et le projet de loi élaboré par la commission administrative de 1873.

V. aussi E. Bidault, *op. cit.*, p. 20, et A. Lavallée, *Rapport*, p. 137 et suiv.

6. V. p. 30. — « . . . Dans la pratique, il ne serait presque rien changé à ce qui existe, les préfets ne présidant plus depuis longtemps les conseils de préfecture, soit pour consacrer à leurs autres et importantes occupations tous leurs

fonctionnement des conseils de préfecture, des conséquences qu'il faut prévoir.

Tout d'abord les vice-présidents deviendraient présidents. Seraient-ils nommés pour un an, comme ils le sont actuellement[1], ou pour une durée indéterminée comme le sont les présidents des cours et tribunaux[2]? Ce dernier système, qui fonctionne depuis 1863 dans le département de la Seine[3], où il n'a donné que d'excellents résultats, se justifie par des considérations d'une valeur incontestable : « la direction imprimée par le président à la marche des affaires, son action sur le greffe et sur les bureaux de la préfecture comportent une certaine suite et ne doivent pas être paralysées, d'une année à l'autre, par des volontés contradictoires[4]. »

A quelque parti que l'on s'arrête, « il sera nécessaire d'assurer à celui des membres du conseil de préfecture qui sera chargé de présider

---

soins, soit pour donner à l'opinion publique un commencement de satisfaction. » (Côte-d'Or.)

« Bien que les préfets qui ont administré le département de la Nièvre depuis deux ans se soient presque complètement abstenus de présider le conseil de préfecture, je crois que cette fonction devrait leur être retirée. » (Nièvre.)

« En fait, aucun préfet ne préside au contentieux. » (Sarthe.)

1. « La vice-présidence du conseil devrait à tour de rôle appartenir à chaque membre du conseil. » (Var.)

2. Rhône. — « La nomination aux fonctions de président sera faite par décret du Gouvernement, comme pour les autres présidents des cours et tribunaux, et sans fixer un terme à leur durée. » (Savoie.)

« Pour affirmer les conditions d'indépendance du conseil, j'estime qu'il y aurait lieu d'enlever cette prérogative [la présidence] au préfet et d'en revêtir, avec le titre de président, le conseiller que le Gouvernement en jugerait le plus digne. » (Eure.)

3. « Ce ne serait point là une innovation. Le décret du 17 mars 1863, concernant l'organisation du conseil de préfecture de la Seine, a reconnu la nécessité d'une présidence plus indépendante et moins instable, et il suffirait d'appliquer à tous les conseils de préfecture les dispositions contenues dans les articles 1 et 2 de ce décret. » (Savoie.)

4. A. Lavallée, *Rapport*, p. 139.

Côte-d'Or. — « . . . Il importe de faire disparaître la désignation annuelle prescrite par l'article 4 de la loi du 21 juin 1865, qui ne peut avoir de raison d'être que sous un gouvernement de bon plaisir et qui a toujours été très-nuisible, soit à l'autorité du président qui s'en trouve affaiblie, soit au jugement des affaires contentieuses. Celles-ci, en effet, grâce à cette disposition qui permet des changements trop fréquents, ne restent pas un temps suffisant entre les mêmes mains et nécessairement sont mal étudiées par le nouveau président, ignorant leur origine et leurs péripéties diverses, et connaissant encore moins les contestations de même nature et la solution qui leur a été donnée par ses prédécesseurs; de telle sorte qu'avec un tel système il n'est pas possible qu'une jurisprudence, cependant si nécessaire, s'établisse dans les conseils de préfecture. » (Savoie.)

ses collègues une situation différente de celle qui est faite aujourd'hui aux vice-présidents[1] ». La commission de 1873 l'a bien compris et la proposition que l'insuffisance des ressources du budget l'a seule empêchée de faire, peut être formulée aujourd'hui en présence de l'état prospère de nos finances. « Il serait convenable qu'entre le traitement du président et le traitement des autres membres du conseil il y eût la même différence qu'entre le traitement du président et celui des autres membres du tribunal civil[2]. »

---

1. A. Lavallée, *Rapport*, p. 139.

Côte-d'Or. — « Au point de vue de l'organisation des conseils de préfecture, l'institution d'un président spécial, avec un traitement en rapport avec la responsabilité et le surcroît de travail qui lui incombent, me paraîtrait très-désirable et de nature à appeler dans nos conseils des hommes capables et expérimentés. » (Alpes-Maritimes.)

« L'adoption de cette mesure mettrait fin en même temps à la situation quelque peu fausse des vice-présidents. Avec l'organisation actuelle, le vice-président n'a qualité que pour diriger les débats de l'audience. Il acquerrait ainsi une autorité que semble lui refuser, en dehors de son mandat, la délégation toute spéciale dont il a été l'objet. » (Eure.)

« En augmentant pécuniairement la situation des vice-présidents des conseils, qui, alors, ne seraient plus nommés pour une année seulement, mais pour un temps indéterminé, on hiérarchiserait complétement cette branche si utile de l'administration et l'on y retiendrait des hommes expérimentés, ayant acquis par l'étude et la pratique des affaires les connaissances variées et nombreuses, indispensables aujourd'hui à un magistrat de l'ordre administratif. » (Rhône.)

2. « Dans tous les tribunaux, les présidents et vice-présidents ont un traitement supérieur à celui des autres juges; dans les conseils de préfecture au contraire, celui de la Seine excepté, le vice-président ne jouit que d'un titre purement honorifique et touche le même traitement que ses collègues; et cependant n'a-t-il pas des occupations plus multipliées et une responsabilité plus grande ? Sans parler de la direction des débats de l'audience, n'est-ce pas lui qui est chargé de surveiller les travaux du greffe, de conférer avec les avocats et les justiciables ? » (Isère.)

« Appelé à présider un tribunal dont la juridiction comprend tout le département, son traitement ne peut être inférieur à celui du secrétaire général qui conclut debout devant le conseil; à celui du président du tribunal civil, dont la compétence territoriale est moins étendue et sur lequel il a la préséance dans les cérémonies publiques.

« Mais la mesure qui aurait pour conséquence d'accroître d'une somme de 200,000 francs environ les charges de l'État est-elle praticable en ce moment ? Il y a lieu de l'espérer; l'action bienfaisante du gouvernement que la France s'est donné a fait succéder à la crise léguée par la précédente administration la prospérité des finances, et il semble que le moment est venu d'instituer dans les conseils de préfecture une présidence réelle que réclament les besoins du service et l'opinion publique et que l'empire lui-même était disposé à concéder (Côte-d'Or.)

« Comme dans l'organisation judiciaire, il faudrait encore une rétribution supérieure pour la présidence et même établir une vice-présidence tout au moins dans les conseils de première classe.....

« A Chambéry, le traitement du président du tribunal civil est de 6,000 fr., celui du vice-président est de 3,750 fr., celui des juges de 3,000 fr. A la cour d'appel, il est de 15,000 fr., de 7,500 fr. et de 6,000 fr.

« Dans l'ordre hiérarchique, la justice administrative est placée immédiatement

La suppression de la présidence du préfet entraînerait une autre conséquence.

« Le conseil de préfecture n'est constitué qu'autant que les membres présents sont au nombre de trois au moins. Dans l'état actuel de la législation, le préfet, lorsqu'il assiste à la séance, compte pour compléter ce nombre. Si la présidence du préfet est supprimée, tous les conseils de préfecture de 3e classe et presque tous les conseils de préfecture de 2e classe se trouveront réduits à trois membres[1]. »

« En fait, cet état de choses existe depuis que, cédant à des considérations d'ordre supérieur, les préfets ont cessé de présider les conseils, même en cas d'insuffisance de nombre, et, pour suppléer aux absences diverses causées par les tournées de tirage et de révision (deux mois), par les changements, les maladies, les congés de l'un de leurs membres, les conseils de préfecture ont dû réclamer fréquemment le concours d'un conseiller général[2]. »

Nous savons déjà que ce mode de remplacement n'est pas sans inconvénients[3]. Si l'on tenait à le conserver en principe[4], il serait bon du moins de n'y recourir que dans les circonstances exceptionnelles ; il faudrait donc, comme le proposent plusieurs vice-présidents[5], instituer auprès des conseils de préfecture des conseillers suppléants[6] ou

---

après la cour d'appel. L'équité ne commande-t-elle pas de lui rendre en réalité la position dont elle n'a eu jusqu'ici que les apparences? On arriverait bientôt à former de cette manière un corps de juges plus indépendant, plus homogène, plus stable et qui, à certaines époques de réorganisation, pourrait fournir des éléments précieux à la juridiction administrative supérieure : au Conseil d'État et à la Cour des comptes. Ne serait-ce pas, pour quelques-uns d'entre eux, le couronnement mérité d'une longue carrière de travail et de dévouement? » (Savoie.)

1. A. Lavallée, *Rapport*, p. 136.

2. Côte-d'Or.

3. V. p. 12. — Ain, Belfort, Mayenne, Meuse, Savoie.

4. « La législation actuelle ne permet pas, même à défaut d'un conseiller général, de recourir à un conseiller d'arrondissement. » (Ain.)

5. Ain, Charente-Inférieure, Côte-d'Or, Mayenne, Savoie, Var.

6. « Il serait surtout désirable, en présence de la vive impulsion donnée aux travaux publics et au développement de l'instruction à tous les degrés, de voir instituer près de chaque conseil de préfecture un ou plusieurs conseillers suppléants, suivant les besoins du service qui iront vraisemblablement en augmentant... » (Ain.)

« L'institution de conseillers de préfecture suppléants avait été comprise dans le projet de loi adopté par le Conseil d'État le 9 avril 1861 et amendé par la commission de l'Assemblée législative le 4 juillet suivant. » (Charente-Inférieure.)

« L'installation de conseillers suppléants, sans éliminer les conseillers généraux dont la suppléance serait conservée devant les tribunaux administratifs comme auditeurs[1], qui remplaceraient les conseillers de préfecture absents ou empêchés, suppléeraient à l'insuffisance de leur nombre, les déchargeraient d'une partie des délégations qui les accablent, aideraient le secrétaire général dans ses fonctions de commissaire du Gouvernement[2], tout en complétant par la pratique leur instruction administrative, théoriquement achevée dans les facultés de droit[3] ou dans une école d'administration analogue à celle qui avait été créée en 1848[4].

Ces conseillers auditeurs formeraient une pépinière dans laquelle le Gouvernement choisirait, — suivant qu'ils auraient révélé, durant leur stage, une préférence ou des aptitudes spéciales soit pour le contentieux, soit pour l'administration active, — des conseillers de préfecture, des sous-préfets, des secrétaires généraux[5]. La question si

---

celle des avocats et avoués devant les tribunaux ordinaires, comblerait une lacune regrettable. » (Côte-d'Or.)

« De même qu'auprès des tribunaux civils sont attachés des juges suppléants, ne pourrait-on pas attacher aussi aux tribunaux administratifs un conseiller suppléant ou auditeur, qui..., avec les prérogatives des conseillers ordinaires, viendrait heureusement compléter notre personnel et serait toujours prêt à remplacer un conseiller absent? » (Mayenne.)

« . . . On devrait... revenir au système des conseillers suppléants, tel qu'il avait été proposé dans l'exposé des motifs de la loi du 21 juin 1865. » (Savoie.)

« . . . Nous croyons qu'il serait utile... d'attacher à chaque conseil de préfecture deux suppléants choisis dans les mêmes conditions que les conseillers, sauf que leurs fonctions ne seraient pas incompatibles avec l'exercice de la profession d'avocat, d'avoué ou de notaire. » (Belfort.)

1. Mayenne, Var. — V. aussi E. Bidault, *De la Justice administrative en France*, p. 22, note 1.

2. Charente-Inférieure. — V. aussi E. Bidault, *De la Justice administrative en France*, p. 22, note 1.

3. V. *De l'Enseignement politique et administratif*, par Émile Worms, professeur à la Faculté de droit de Rennes, correspondant de l'Institut.

4. « . . . En l'absence d'une école spéciale d'administration, comme celle créée en 1848 et si malheureusement supprimée... » (Mayenne.)

« La création d'une école de haute administration à Paris, telle qu'on l'a demandée, pourrait aussi devenir une véritable pépinière pour le recrutement des conseils de préfecture et de tout le personnel administratif. » (Var.)

5. On satisferait ainsi au vœu exprimé par le vice-président de la Sarthe. « Le rôle du ministère public près les conseils de préfecture a pris, dit-il, par le fait de la publicité des audiences, une importance particulière. Aussi paraît-il indispensable que le siège du commissaire du Gouvernement soit occupé par un licencié en droit.

« Il importe que les erreurs de droit qui pourraient se produire pendant la discussion publique puissent être redressées d'office par le commissaire du Gouvernement et que les conclusions s'accordent toujours avec les principes du droit administratif.

« L'expérience acquise ne suffit pas toujours pour surmonter les difficultés qui

délicate du recrutement des conseils de préfecture, que nous effleurions tout à l'heure, serait singulièrement simplifiée par cette création[1].

Les conseillers de préfecture auditeurs devraient-ils recevoir un traitement[2] ou remplir gratuitement leurs fonctions[3]? Malgré la charge nouvelle qui en résulterait pour le budget[4], l'allocation d'un traitement nous paraîtrait préférable, comme étant de nature à ouvrir plus largement la porte à toutes les capacités.

Une nouvelle organisation des conseils de préfecture appellerait sans doute quelques modifications dans le rôle du secrétaire-greffier et dans le fonctionnement du greffe. Nous ne répéterons pas ce que nous avons dit du personnel trop restreint et de l'installation dé-

---

surgissent au cours d'une discussion et, d'un autre côté, le commissaire du Gouvernement ne doit pas se trouver dans une situation d'infériorité marquée vis-à-vis des conseillers. » (Sarthe.)

1. « . . . L'ensemble de ces difficultés serait bien atténué si, pour se recruter, les conseils de préfecture avaient des candidats dont l'instruction aurait été développée et rectifiée par un stage assidu de quatre ans, d'abord comme attachés au greffe, et après comme conseiller suppléant. » (Côte-d'Or.)

« . . . Ces places d'auditeurs seraient une excellente préparation aux fonctions administratives. » (Mayenne.)

« Dans le but de recruter un meilleur personnel, on devrait établir une sorte de stage et de préparation aux fonctions de conseiller, en abrogeant le mode de suppléance de l'article 6 de la loi du 21 juin 1865, qui depuis longtemps est signalé comme incomplet et défectueux, et revenir au système des conseillers suppléants... (Savoie.)

« Ne pourrait-on pas soumettre également tout candidat aux fonctions de conseiller, qui ne serait que licencié en droit, à un stage administratif, que l'aspirant passerait dans les bureaux de la préfecture, comme les attachés des parquets dans les cours et tribunaux, en se livrant à l'étude des règlements et des lois qu'il aurait à appliquer? Ce stage, dont la durée serait de deux années, pourrait conférer le titre de conseiller auditeur avec voix consultative et délibérative en cas d'absence d'un titulaire. » (Var.)

« . . . Nous demanderions que nul ne fût nommé conseiller titulaire sans avoir au préalable, et indépendamment des conditions exigées par l'article 2 de la loi de 1865, fait auprès d'un tribunal administratif et comme conseiller suppléant, un stage de deux ans au moins pendant lequel il pourrait, comme les auditeurs au Conseil d'État, être chargé des fonctions du ministère public. » (Charente-Inférieure.)

2. Côte-d'Or.

3. « Ces places, quoique non rétribuées, seraient certainement recherchées par les jeunes hommes se destinant à l'administration... » (Mayenne.)

4. A moins que l'on n'admît la proposition du vice-président de la Côte d'Or : « L'institution de conseillers suppléants... permettrait encore de supprimer, dans les départements où ils existent, les quatrièmes conseillers de préfecture et d'attribuer par cette suppression aux conseillers suppléants un traitement de début de 1,000 à 1,200 francs, sans accroître les charges de l'État. » (Côte-d'Or.)

fectueuse de certains greffes[1]. La réforme sur ce point n'est qu'une affaire de budget ; elle sera accomplie le jour où l'on se résoudra à augmenter le fonds d'abonnement du préfet dans les départements où il sera reconnu insuffisant[2], ou plutôt à inscrire au budget départemental un crédit spécial administré par le président et exclusivement destiné à subvenir aux dépenses du conseil de préfecture et du greffe[3].

Une question moins facile à résoudre est celle de savoir s'il conviendrait de faire au secrétaire-greffier une situation plus indépendante que celle qu'il tient de l'article 7 de la loi du 21 juin 1865.

Cette question est traitée par le vice-président du conseil de préfecture de la Savoie : « Le secrétaire-greffier, institué par l'article 5 du décret du 30 décembre 1862, devrait être un fonctionnaire public faisant partie intégrante du conseil de préfecture, présentant les conditions spéciales requises pour l'admission à ces fonctions dans les tribunaux civils[4] et rétribué sur les fonds de l'État. Il est donc fâcheux que l'article 7 de la loi du 21 juin 1865, qui a reproduit l'article 5 du

---

1. V. p. 16 et 17. — « La création d'un greffe spécial du conseil de préfecture devrait être rendue obligatoire au lieu d'être facultative. » (Côtes-du-Nord.)

« Une amélioration importante serait d'attacher à chaque conseil de préfecture un secrétaire-greffier uniquement occupé aux travaux du greffe et n'exerçant pas en même temps d'autres fonctions. Il en résulterait de grands avantages pour la bonne et rapide expédition des affaires. » (Ariège.)

2. « Il y aurait à désirer encore que le fonds d'abonnement vous permît, Monsieur le Préfet, de donner au greffe du conseil un personnel suffisant pour que l'activité de l'expédition ne souffrît jamais de retards occasionnés par des travaux secondaires qui étaient, sous vos prédécesseurs, livrés aux bureaux de la préfecture, comme rentrant dans les attributions dévolues au pouvoir exécutif dont vous êtes revêtu. » (Seine-et-Oise.)

3. « Pour les tribunaux civils, les justices de paix, les frais d'impression des greffes sont à la charge de l'État ou du département. Pourquoi n'en serait-il pas de même pour le greffe des conseils de préfecture, dont les frais sont payés sur les fonds d'abonnement toujours insuffisants? » (Corrèze.)

Le conseil de la Haute-Saône demande que la loi « mette les conseils généraux dans l'obligation de voter, d'après une échelle à déterminer, un crédit spécial destiné aux dépenses des conseils de préfecture, en matériel, personnel d'employés, etc., le nombre de ceux-ci étant presque toujours trop restreint, comme, par exemple, dans la Haute-Saône, où le service du greffe est fait par un seul employé. »

Dans la Seine, un crédit spécial est inscrit au budget départemental sous cette rubrique : *Personnel du greffe et menues dépenses du conseil et du greffe*. Ce crédit, qui a varié avec le nombre des employés et avec le chiffre de leurs traitements, s'élève pour 1881 à 74,000 francs. Il s'applique, pour la plus grande partie, aux appointements du secrétaire-greffier et du personnel du greffe ; le surplus (10,000 fr.) sert à payer les menues dépenses du conseil et du greffe.

4. « Quant au secrétaire-greffier, il serait à souhaiter qu'il fût assimilé à un

décret précité, ait ajouté : « Ce secrétaire-greffier sera nommé par le « préfet et choisi parmi les employés de la préfecture », ce qui, dans la pratique, a complétement faussé l'institution telle que semble l'avoir voulue le législateur[1].

« Dans beaucoup de localités, en effet, le secrétaire-greffier est considéré comme un simple employé de préfecture, n'ayant pas un caractère spécial et pouvant même avec ses fonctions en exercer d'autres ; c'est ainsi que, dans certaines préfectures, cet emploi est rempli par un chef ou un sous-chef de bureau ou un employé d'un ordre inférieur, détaché d'une division[2]. Il y a d'abord là une violation formelle de la loi, qui n'a pas dit « qu'un employé de préfecture remplirait les « fonctions de greffier », mais « qu'il y aura auprès de chaque conseil « de préfecture un secrétaire-greffier ». Il y a ensuite une source de conflit toujours ouverte sur le point de savoir de quelle autorité doit dépendre le secrétaire-greffier. Dépend-il du préfet, dépend-il du conseil de préfecture ? Nous appuyant sur de savantes opinions, il ne peut être douteux pour nous que, lorsque le secrétaire-greffier a été nommé par le préfet et installé dans ses fonctions par le conseil, après avoir prêté serment en séance publique[3], il n'est plus un employé de la préfecture, qu'il n'est plus placé sous l'autorité directe et immédiate du préfet comme préfet, mais sous la surveillance du préfet-président, ou du vice-président, du secrétaire général commissaire du Gouvernement et sous celle du conseil, avec mission unique de remplir toutes les obligations de sa charge. »

A cet exposé d'une question sur laquelle nous craindrions d'émettre un avis intéressé, nous ajouterons seulement que, dans le département

---

véritable greffier, comme il en est établi près les tribunaux, prêtant serment.... » (Var.)

L'assimilation des secrétaires-greffiers des conseils de préfecture aux greffiers des tribunaux civils ne saurait être complète. Les premiers, n'ayant ni remises, ni émoluments, ne recevraient qu'un traitement fixe.

1. Il y aurait, croyons-nous, quelques réserves à faire sur ce point. L'emploi de secrétaire-greffier, devenu une fonction indépendante, offrirait-il assez d'avantages matériels pour attirer des candidats sérieux ? La faculté de prendre le secrétaire-greffier dans le personnel de la préfecture ne donne-t-elle pas plus de latitude pour faire un bon choix ?

2. V. p. 16.

3. 14 secrétaires-greffiers sont assermentés (parmi lesquels les 3 de l'Algérie); 75 ne le sont pas. — Renseignements recueillis par M. Adert, secrétaire-greffier du Gard.

de la Seine, la situation du secrétaire-greffier, — placé, comme greffier, sous l'autorité du président, sous celle du conseil et des commissaires du Gouvernement, — rattaché, d'autre part, hiérarchiquement comme chef de bureau, à une division du secrétariat général de la préfecture, — n'a jamais donné lieu à aucune difficulté, si légère qu'elle fût.

On a réclamé aussi pour le secrétaire-greffier le droit de « délivrer et de signer les copies des arrêtés demandées par les parties »[1]. Nous ne voyons pas de raison sérieuse pour refuser au secrétaire-greffier une prérogative qui appartient au secrétaire du contentieux du Conseil d'État et au greffier de la Cour des comptes[2].

Pour achever de faire connaître les vœux des conseils de préfecture, nous avons encore à parler des réformes relatives à la procédure et à la compétence : nous le ferons aussi brièvement que le permettront l'abondance et l'intérêt des documents que nous résumons.

---

1. Corrèze, Var.

2. Dès 1865, Chauveau (Adolphe) attribuait au secrétaire-greffier le droit exclusif de signer les expéditions. (V. *Journal du droit administratif*, 1865, p. 288.)

Le modèle d'arrêté n° 7, annexé à la circulaire du ministre des finances du 30 janvier 1866, se termine même par la mention suivante : « Pour expédition : *Le Secrétaire général de la préfecture* ou *Secrétaire-greffier du conseil de préfecture* », ce qui semblait indiquer que l'administration reconnaissait qualité au secrétaire-greffier pour délivrer les ampliations.

Mais, sur la demande de la Cour des comptes, le ministre de l'intérieur a rappelé, par circulaire du 27 juin 1873, que, conformément au principe posé par la loi du 28 pluviôse an VIII, art. 7, et aux termes tant de l'article 434 du décret du 3 mai 1862 que de l'article 15 du décret du 12 juillet 1865, les expéditions des arrêtés des conseils de préfecture, notamment en matière de comptes des receveurs des communes, hospices et établissements publics, doivent être signées par le secrétaire général de la préfecture et non par le secrétaire-greffier.

Une note insérée au *Bulletin du min. de l'int.*, 1873, p. 430, concertée entre le ministre de l'intérieur et le ministre des finances, rappelle cette circulaire et en étend les prescriptions au tableau synoptique résumant les décisions prises sur les divers comptes des communes ou des établissements de bienfaisance et qui doit être notifié au comptable. Bien que ces documents n'aient point le caractère d'expéditions authentiques, il a été reconnu qu'ils doivent être signés par le secrétaire général et non par le secrétaire-greffier.

La même note rectifie le modèle n° 7, annexé à la circulaire du 30 janvier 1866.

En fait, la question n'est donc plus discutable. Le secrétaire-greffier n'a point qualité pour signer les expéditions.

Par application de cette règle, les secrétaires-greffiers n'ont droit à aucune indemnité pour la délivrance à l'administration des finances, de copies ou extraits d'arrêtés portant condamnation à des peines pécuniaires (Décis. du min. de l'int., 20 sept. 1873. *Bulletin du min. de l'int.*, 1873, p. 429).

II.

PROCÉDURE.

La part considérable que le président du conseil de préfecture de la Seine et les vice-présidents de la plupart des autres conseils ont faite, dans leurs rapports, à la réglementation de la procédure montre à quel degré cette question intéresse et préoccupe les tribunaux administratifs[1].

« L'article 14 de la loi du 21 juin 1865 avait décidé qu'un règlement d'administration publique déterminerait provisoirement les règles de la procédure à suivre devant les conseils de préfecture[2] et qu'en tout cas il serait statué par une loi dans un délai de cinq ans. Cette disposition de loi n'a malheureusement point été exécutée[3] et les quelques prescriptions sommaires qui forment aujourd'hui toute la procédure administrative en première instance, ayant été depuis longtemps reconnues insuffisantes, on a, dans la pratique, suppléé aux lacunes en procédant par voie d'analogie. Mais ces expédients offrent matière à controverse. Il importe soit de les sanctionner, soit de les remplacer

---

1. Ain, Aisne, Allier, Ariége, Aube, Aveyron, Belfort, Bouches-du-Rhône, Charente-Inférieure, Corrèze, Corse, Côte-d'Or, Côtes-du-Nord, Dordogne, Drôme, Eure, Eure-et-Loir, Finistère, Gard, Haute-Garonne, Gers, Hérault, Indre, Isère, Jura, Loire, Loire-Inférieure, Loiret, Lot-et-Garonne, Lozère, Maine-et-Loire, Marne, Mayenne, Meuse, Morbihan, Nièvre, Nord, Puy-de-Dôme, Rhône, Haute-Saône, Sarthe, Savoie, Seine, Seine-Inférieure, Seine-et-Oise, Seine-et-Marne, Deux-Sèvres, Somme, Tarn, Var, Vaucluse, Vendée, Vosges, Yonne.

2. Ce règlement avait été instamment réclamé, dès 1845, par M. de La Plesse, député, lors de la discussion de la loi sur les chemins de fer. (Marne.) [Voy. *Moniteur universel* du 1er février 1845, p. 217, col. 1.]

3. Le décret du 12 juillet 1865 n'a pas eu pour objet de remplacer le règlement d'administration publique prescrit par la loi du 21 juin précédent. Il n'avait en vue « que des mesures d'ordre, à suivre en ce qui concerne l'introduction des affaires devant le conseil de préfecture, la formation des dossiers, les communications aux administrateurs et aux parties intéressées, l'organisation de la séance publique, la rédaction, l'expédition et la conservation des décisions prises par le conseil. » Le Gouvernement avait jugé à propos d'attendre le résultat des travaux entrepris à cette époque pour la révision du Code de procédure civile. (Voy. A. Lavallée, *Rapport*, p. 149.)

par des dispositions nouvelles qui en fassent la loi des parties et de la jurisprudence elle-même[1]. »

En matière contentieuse, en effet, « l'instruction a un haut degré d'importance ; elle est assujettie à des formes spéciales qui, en certains cas, doivent être suivies à peine de nullité. Il importe donc que ces formes soient déterminées avec précision et netteté, afin de prévenir toute hésitation, toute incertitude, tout en conservant à la procédure administrative la simplicité et la célérité qui en sont et doivent en être le caractère distinctif[2]. »

En outre, l'absence de règles précises favorise certains abus : « On peut constater que les hommes d'affaires auxquels les justiciables sont trop souvent obligés d'avoir recours s'efforcent d'introduire dans les procès administratifs les formes pour eux lucratives de la procédure en usage devant les tribunaux civils ; ils accumulent incidents sur incidents et font perdre ainsi à leurs clients un des bénéfices les plus incontestables de la juridiction administrative[3]. »

La nécessité d'un Code de procédure devant les conseils de préfec-

1. Rapport du président du conseil de préfecture de la Seine.

« La nécessite de recourir aux règles de la jurisprudence présente des inconvénients graves en ce sens que les formes de la procédure varient selon les départements. » (Ariége.)

« Les règles de la procédure suivies par les conseils de préfecture ne sont pas uniformes, chaque tribunal administratif se conformant à cet égard aux errements qu'il trouve établis. » (Charente-Inférieure.)

« ... La jurisprudence elle-même, à défaut d'un texte de loi, manque de précision. » (Dordogne.)

« Il est certain que, dans bien des cas, l'absence de règles fixes et l'obligation d'appliquer par analogie celles qui sont édictées par le Code de procédure présentent de grands inconvénients. En matière d'opposition, par exemple, les variations que l'on remarque dans la jurisprudence du Conseil d'État toutes les fois qu'il s'agit de déterminer les caractères d'un arrêté de défaut, font regretter le manque de textes précis. » (Gers.)

2. Finistère.

3. Isère. — Le passage que nous venons de citer semble être la réfutation d'une proposition faite par un vice-président. Celui-ci, apercevant des inconvénients dans l'instruction écrite et frappé de l'inexpérience des parties, demande s'il ne conviendrait pas de « doter les conseils de préfecture d'une institution d'officiers ministériels avec des formes très-simples de procédure » et de procurer ainsi une distribution rapide et peu coûteuse de la justice.

L'auteur de cette proposition s'est sans doute inspiré de ce qui existe devant la juridiction administrative suprême ; mais a-t-il songé que les avocats au Conseil d'État (dont le ministère n'est d'ailleurs obligatoire qu'en certaines matières) sont en même temps avocats à la Cour de cassation, signent exclusivement, à défaut des parties elles-mêmes, tous mémoires et réclamations en matière contentieuse adressés au Gouvernement, aux ministères et aux directions générales et interviennent en outre fréquemment devant certains conseils de préfecture ? Ces di-

ture étant admise[1], la rédaction de ce Code offrirait-elle de grandes difficultés? Il semble que rien ne serait plus facile que de reprendre le projet de loi adopté par le Conseil d'État en 1870, sur le rapport de M. Aucoc, et qui comprend « la plus grande partie des réformes qu'il y aurait lieu d'apporter à la législation actuelle[2] ». Il n'entre point dans notre programme d'examiner chacun des articles de ce projet, qui pourrait être complété à l'aide de quelques dispositions empruntées au projet de décret relatif aux conseils du contentieux administratif dans les colonies de la Martinique, de la Guadeloupe et de la Réunion[3] ; tou-

---

verses prérogatives ou fonctions leur assurent, grâce à un tarif assez élevé, des honoraires convenables et en rapport avec leur situation sociale.

Les conditions seraient bien différentes pour les officiers ministériels spéciaux que l'on propose d'instituer ; fussent-ils peu nombreux et investis, contrairement aux tendances libérales de notre époque, du privilége exclusif de représenter les parties, il est plus d'un département où ils ne trouveraient qu'un aliment insuffisant à leur activité. Un tarif de frais peu élevé, tel que celui que l'on suppose, ne leur procurerait qu'une situation précaire, inférieure de tous points à celle des avocats, des avoués, des mandataires qui se présentent actuellement devant les tribunaux administratifs.

1. Un réglement sur la procédure administrative mettrait fin aux difficultés qui ont surgi, dans quelques départements, entre les conseils de préfecture et l'administration de l'enregistrement, des domaines et du timbre, au sujet de l'application des lois sur le timbre et l'enregistrement. (Loiret.)

2. Eure-et-Loir. — « ... La plupart des dispositions qu'il édicte sont excellentes. Quelques articles seulement devraient être modifiés, d'autres complétés... » (Nièvre.)

« Le règlement publié, il y a quelques années, par M. Dieu, ancien président du conseil de préfecture de la Seine, pourrait être utilisé, soit pour la formation de ce Code, soit pour y suppléer jusqu'à sa publication. » (Deux-Sèvres.)

On pourrait aussi consulter utilement, malgré sa date, l'*Exposé pratique de la procédure en matière contentieuse devant les conseils de préfecture*, publié, en 1863, par M. Alfred des Cilleuls, aujourd'hui chef de division à la préfecture de la Seine.

3. Projet de décret concernant la compétence et l'organisation des conseils du contentieux administratif dans les colonies de la Martinique, de la Guadeloupe et de la Réunion, et réglementant la procédure à suivre devant ces conseils. Ce projet, distribué au Conseil d'État le 8 juillet 1880, a été élaboré par une commission instituée près le ministère de la marine, sous la présidence de M. le vice-amiral Bourgois, conseiller d'État. C'est également M. le vice-amiral Bourgois qui a été, devant le Conseil d'État, le rapporteur de ce projet de décret. « La pensée qui a présidé à sa rédaction », écrit-il à la fin de son intéressant et substantiel rapport, « est celle de l'assimilation des attributions et des règles de procédure des tribunaux administratifs des colonies à celles des mêmes tribunaux dans la métropole ; assimilation poussée aussi loin que le permettent les différences d'organisation, afin de faire profiter les justiciables des conseils du contentieux aux colonies des garanties offertes par la publicité des séances et les débats oraux, ainsi que des avantages de simplicité, de rapidité et d'économie qu'on trouve dans la procédure suivie devant les conseils de préfecture métropolitains. »

Si les conseils coloniaux profitent des résultats de l'expérience faite par les conseils de préfecture, ceux-ci pourraient à leur tour bénéficier des réformes proposées par M. l'amiral Bourgois.

tefois, plusieurs paragraphes ont appelé spécialement l'attention des vice-présidents : ils sont relatifs soit à la procédure générale (communication aux parties, enquêtes et visites de lieux, expertises, référé, projets de décision, avis d'audience, décisions, dépens, etc.), soit à divers points des procédures spéciales aux contraventions, aux contributions directes et aux élections. Nous dirons quelques mots de chacun d'eux.

Communication aux parties. — Le vice-président du conseil de préfecture du Var critique le mode de communication des requêtes en usage dans ce département. « En ce qui concerne, dit-il, l'introduction de l'instance par le dépôt au greffe, sur récépissé, du mémoire versé par le demandeur, ne serait-il pas plus économique, plus sûr et plus expéditif que celui-ci signifiât son mémoire avec ajournement à la partie adverse, qui ne serait point obligée de se déplacer et de se rendre au chef-lieu du département pour consulter ledit mémoire ? Dans ce cas, la communication serait ainsi constatée d'une manière authentique. Ce mode d'ajournement devrait être seul employé. »

La notification des requêtes aux parties par la voie administrative, proposée par le vice-président de Vaucluse[1] et adoptée depuis 1863 dans le département de la Seine, nous paraît encore préférable, comme étant plus économique en même temps que plus conforme au principe qui confie la direction de l'instruction au conseiller rapporteur et au conseil de préfecture.

L'article 3 du projet de loi de M. Aucoc est, du reste, conçu dans ce sens.

Expertise et tierce expertise. — Nous avons dit quels retards résultent de la lenteur des experts désignés par les parties en vertu de l'article 56 de la loi du 16 septembre 1807 et de l'article 17 de la loi du 21 mai 1836[2].

Ces experts méritent trop souvent un autre reproche plus grave encore : au lieu de se considérer comme des arbitres impartiaux, ayant

---

1. « J'exigerais tout d'abord que la requête introductive fût déposée en double expédition afin d'en permettre, sans perte de temps et sans déplacement, la notification à la partie défenderesse. » — Voy. ce que nous avons dit sur ce point, p. 24, note 2.

2. Voy. p. 26 et suivantes.

mandat de justice, ils se font les avocats de la partie qui les a désignés[1], épousent sa querelle, et montrent dans la défense de ses intérêts une passion qui ôte toute autorité à l'avis qu'ils émettent[2]. On comprend que les conseils de préfecture tirent peu de lumière d'une expertise faite dans ces conditions.

Le désaccord des premiers experts[3] rendant habituellement nécessaire une tierce expertise dont les délais, sinon les frais, s'ajoutent à ceux de l'expertise, l'avis du tiers expert fournira-t-il du moins au tribunal des éléments de décision moins contestables ? Ce serait une illusion de l'espérer.

On sait qu'aux termes de l'article 56 de la loi du 16 septembre 1807, quand il s'agit de travaux de grande voirie, le tiers expert est de droit l'ingénieur en chef du département. « Cette disposition, dit M. Aucoc[4], a donné lieu à de nombreuses critiques[5]. En faisant intervenir forcé-

---

1. Maine-et-Loire. — « Il est incontestable que les premiers experts se considèrent le plus souvent comme avocats des parties plutôt que comme arbitres, quoique l'esprit de la loi soit tout autre. » (Aveyron.)

« Il arrive presque toujours que l'expert nommé par une partie se fait l'avocat de celle-ci et un désaccord devient inévitable. » (Loire-Inférieure.)

« Les experts... se considèrent généralement bien plus comme les mandataires de ceux qui les ont nommés que comme des agents envoyés par le conseil à la recherche de la vérité. » (Puy-de-Dôme.)

« Chaque partie ayant le droit de désigner son expert, il arrive généralement que chaque intéressé choisit une personne qui lui est dévouée et dont à l'avance il s'est assuré le concours ou l'avis favorable. » (Deux-Sèvres.)

« Mais ces deux experts ainsi désignés ne sont le plus souvent que les défenseurs de la partie qu'ils représentent. » (Var.)

« En outre, la désignation d'un expert par chacune des parties en cause présente de graves inconvénients. Cet expert oublie trop souvent qu'il est le délégué de la justice pour prendre le rôle de mandataire de la partie qui l'a désigné ; il considère ce dernier comme son client et défend ses prétentions. » (Yonne.)

2. « Les frais se trouvent dès lors accrus des honoraires des deux premiers experts dont les rapports ne sont généralement d'aucun secours pour la justice. » (Pyrénées-Orientales.)

« ... Le tiers expert ... est fort embarrassé, puisqu'il lui faut opter pour l'une ou l'autre de ces opinions qui presque toujours est exagérée. » (Deux-Sèvres.)

« Dans ces circonstances, le conseil de préfecture ne peut accorder qu'une confiance très-limitée aux rapports d'expertise. » (Yonne.)

3. Loire-Inférieure, Saône-et-Loire, Var. — « Les deux experts sont toujours en désaccord et la tierce expertise devient constamment nécessaire. » (Meuse.)

« En pratique, la tierce expertise est toujours ordonnée, les experts des parties arrivant à des conclusions absolument contraires. » (Pyrénées-Orientales.)

« Dès le début il se produit entre les experts un antagonisme regrettable, qui se termine le plus souvent par un partage. » (Deux-Sèvres.)

4. *Conférences sur l'administration et le droit administratif*, t. II, 1870, p. 287.

5. Aveyron, Corrèze, Corse, Côtes-du-Nord, Eure, Gard, Haute-Garonne, Loire-Inférieure, Loiret, Lot-et-Garonne, Marne, Meuse, Nièvre, Nord, Sarthe, Seine, Seine-Inférieure, Somme, Tarn, Var, Yonne.

ment, comme tiers expert, le fonctionnaire qui a dirigé le travail par suite duquel les dommages ont été causés, alors que déjà l'administration a désigné un expert pour examiner la réclamation contradictoirement avec l'expert de la partie, la loi semble avoir multiplié les précautions pour empêcher que la réclamation du particulier soit favorablement accueillie ; elle inspire aux parties de la méfiance contre la juridiction administrative. Les ingénieurs ont eux-mêmes compris que la loi leur faisait une situation fausse, et beaucoup d'entre eux ont émis le vœu que cette disposition de l'article 56 de la loi de 1807 fût abrogée. Il y a tout lieu de penser que le système de la tierce expertise ne sera pas maintenu dans la législation nouvelle et que, en tout cas, les ingénieurs qui ont dirigé les travaux par suite desquels s'élève une demande d'indemnité, cesseront de pouvoir être experts. »

En effet, l'exposé des motifs du projet de loi de 1870 reproduit cette critique et l'article 14 du projet fait disparaître la tierce expertise :

« Art. 14. Le conseil décide, suivant la nature et les circonstances de l'affaire, si l'expertise sera faite par un ou par trois experts.

« Dans le premier cas, l'expert est désigné par le conseil, à moins que les parties ne s'accordent pour le désigner.

« Si l'expertise doit être confiée à trois experts, l'un d'eux est nommé par le conseil de préfecture, et chacune des parties est appelée à nommer son expert. »

Les deux premiers paragraphes donnent satisfaction à un désir souvent exprimé par les conseils de préfecture[1].

---

1. Aveyron, Deux-Sèvres, Tarn. — Il serait à désirer que le conseil pût ne nommer qu'un expert lorsque les parties y consentiraient. Il y aurait ainsi économie de temps et d'argent. » (Haute-Garonne.)

« Il paraîtrait beaucoup plus rationnel, plus expéditif aussi, de confier au conseil lui-même la nomination d'*un* ou de *trois* experts, suivant l'importance des intérêts en litige. » (Loire-Inférieure.)

« Il serait, il est vrai, facile de remédier à cette cause de retard en insistant auprès des parties au cours de l'audience afin qu'elles fixent leur choix sur un expert unique, ou bien encore en nommant tout d'abord une commission composée de trois experts. » (Marne.)

« Il y aurait avantage à faire désigner, selon le degré d'importance des réclamations, un ou trois experts par le conseil de préfecture. » (Meuse.)

« Pour éviter ces lenteurs et les frais qu'occasionnent deux expertises consécutives, mieux vaudrait que le conseil de préfecture, ainsi que cela se pratique devant la juridiction civile, nommât lui-même un ou trois experts selon l'importance de l'affaire. » (Var.)

« ... Il serait nécessaire ... de permettre au conseil et non aux parties de nommer un ou trois experts. » (Vaucluse.)

Quant au troisième, en maintenant à chaque partie le droit de choisir « son expert », il laisse subsister les abus que nous venons de signaler.

Est-ce à dire que l'on puisse, comme on l'a proposé[1], attribuer au conseil de préfecture la nomination des trois experts? Nous ne le pensons pas. On ne saurait sans inconvénient priver les parties d'une faculté que leur accorde le Code de procédure civile et à laquelle elles semblent attacher beaucoup de prix. Ce serait provoquer entre la procédure judiciaire et la procédure administrative une comparaison qui, dans l'esprit des justiciables, ne tournerait point à l'avantage de cette dernière.

Il vaudrait mieux sans doute revenir simplement aux dispositions du Code de procédure civile et décider que, dans le cas où il y aurait lieu à la nomination de trois experts, ces experts devraient être convenus entre les parties, ou sinon désignés par le conseil de préfecture. C'est le seul mode de nomination qui assure aux experts l'indépendance et l'impartialité nécessaires à des hommes chargés d'éclairer la justice.

Il ne restera plus alors qu'à donner au conseil de préfecture une autorité suffisante sur les experts négligents.

Parmi les divers moyens de coercition indiqués dans les rapports que nous analysons, un seul nous semble être efficace. Nous avons écarté déjà le remplacement des experts[2], parce que les parties n'osent le solliciter, dans la crainte de ne pas l'obtenir et d'indisposer les experts. Les mêmes motifs s'opposent à la demande de dommages-intérêts qu'autoriserait l'article 316 du Code de procédure civile.

« Mieux eût valu, dit le vice-président de l'Aveyron, un texte moins rigide et d'une application plus facile, la retenue du dixième des honoraires par chaque huitaine de retard par exemple. Le conseil n'hésiterait pas à appliquer cette mesure qui n'aurait rien de blessant pour l'expert qu'elle frapperait et celui-ci ne tarderait pas à s'amender. »

Le vice-président de la Haute-Savoie propose d' « attribuer aux conseils de préfecture le pouvoir de condamner à une amende, sans préjudice des dommages, les experts qui ne déposeraient par leurs rapports dans le délai qui leur aurait été imparti. »

---

1. Alpes-Maritimes, Dordogne, Puy-de-Dôme, Vaucluse. — « Il serait bon tout d'abord que les conseils eussent le choix des experts; il arrive, en effet, souvent que les parties désignent des hommes peu compétents pour émettre un avis sur l'objet de la contestation. » (Haute-Garonne.)

2. Voy. p. 28.

Le conseil de préfecture de la Somme réclame également « la faculté de condamner à une amende, après mise en demeure administrative, les experts manifestement négligents », et les vice-présidents de l'Ariége, de la Vendée et de l'Yonne se prononcent dans le même sens[1].

On peut invoquer en faveur de la sanction proposée, l'expérience qui en a été faite à l'égard des comptables : la disposition de loi qui créerait cette pénalité serait au besoin calquée sur l'article 68 de la loi du 18 juillet 1837, reproduit par l'article 1556 de l'instruction générale sur la comptabilité publique[2].

Référé. — On s'est plaint de ne pas trouver devant les conseils de préfecture la procédure de référé[3] qui s'adapterait pourtant si bien aux formes expéditives et peu coûteuses de la procédure administrative.

« Les cas d'urgence sont assez fréquents devant les conseils de pré-

---

1. « J'estime qu'une sanction pécuniaire pourrait seule amener un résultat favorable. » (Ariége.)

« Aussi serait-il à désirer que, dans la réglementation à intervenir, le conseil de préfecture pût condamner d'office l'expert qui, après avoir accepté sa mission, ne déposerait pas son rapport dans le délai fixé, à une amende de ... à ... par chaque jour de retard et pût également le condamner, mais seulement à la requête des parties ou de l'une d'elles, à tous les frais frustratoires et même à des dommages-intérêts s'il y avait lieu. » (Yonne.)

Voy., dans ce sens, l'article 77 du *Projet de règlement d'administration publique sur la procédure devant les conseils de préfecture*, de M. Dieu.

2. « En cas de retard dans la présentation de leurs comptes, les receveurs des communes et des établissements de bienfaisance peuvent, sans préjudice des poursuites autorisées par les lois et règlements, être condamnés, par l'autorité chargée de les juger, à une amende de 10 fr. à 100 fr. par chaque mois de retard, pour les receveurs justiciables des conseils de préfecture, et de 50 fr. à 500 fr. également par mois de retard, pour ceux qui sont justiciables de la Cour des comptes. ... « (Art. 1556 de l'instruction générale.)

3. « Il arrive quelquefois que des avocats se plaignent de ce que les décisions de référé n'existent pas devant les conseils de préfecture, ce qui entraine des retards qui peuvent rendre les résultats de l'expertise illusoires...; il est peut-être regrettable que le président du conseil de préfecture ne puisse seul statuer en état de référé, comme le président du tribunal civil, la réunion du conseil tout entier entraînant des lenteurs indispensables. Un avis du Conseil d'État du 26 décembre 1873 admet que le conseil réuni en corps peut statuer à titre provisoire et de référé. (*Aff. ville d'Alger c. Brincat.*) » (Bouches-du-Rhône.)

« Pourquoi, en cas d'urgence, ne pas permettre au conseil de désigner un expert qui, du consentement des parties, puisse constater les faits qui peuvent motiver une réclamation ? » (Tarn.)

« L'expérience a révélé que la faculté par le président du conseil d'ordonner la comparution des parties en référé peut amener souvent une conciliation ou une expédition plus prompte de l'affaire ou garantir des droits en péril par la constatation immédiate de l'état des lieux litigieux. Il faudrait que la loi fixât les conditions dans lesquelles ces référés pourraient se produire, ... le tout dans les formes les plus sommaires et les moins coûteuses pour les parties. » (Var.)

fecture. Tantôt c'est un immeuble qui va s'écrouler et dont il faut constater immédiatement l'état, tantôt c'est une entreprise dont les travaux donnent lieu à contestation, mais pour laquelle les éléments d'appréciation vont disparaître, si on ne les vérifie sur-le-champ[1]. Il serait désirable, dans l'intérêt d'une bonne justice, qu'une requête de référé pût être présentée au président, ou, sur son refus, au conseil de préfecture convoqué d'urgence. On a prétendu qu'un constat d'huissier pouvait parer aux difficultés que je signale. Je ne partage pas cette opinion : un constat n'est jamais contradictoire, et n'a dès lors que la valeur d'un renseignement. L'huissier écrit ce qu'on lui dicte, tandis que l'expert commis, homme de l'art ou spécialiste, ayant mandat de justice, entend les parties et vérifie les faits allégués avec pleine compétence[2]. »

L'article 24 du projet de loi de M. Aucoc dispose que, « en cas d'urgence, le président du conseil de préfecture peut, sur la demande des parties, désigner un expert pour constater des faits qui seraient de nature à motiver une réclamation devant ce conseil ».

Enquêtes et visites de lieux. — « Aucune disposition de loi ne règle ce moyen de vérification[3]. Doit-il être, à peine de nullité, complété par un procès-verbal? Les parties doivent-elles être convoquées et assister à l'opération[4]? »

---

1. « Dans les affaires où il est nécessaire de procéder à une constatation des dommages causés par suite de l'exécution de travaux publics, il serait désirable que le président du conseil, par analogie avec les attributions du président du tribunal civil en matière de référés, pût prescrire les mesures urgentes, indispensables pour faire constater ces dommages aussitôt qu'ils sont produits, au lieu d'attendre l'expertise, qui très-souvent a lieu lorsque ces dommages ont disparu.

« Il serait utile aussi, en matière de subventions spéciales, que l'on pût constater les dégradations extraordinaires causées aux chemins, avant l'époque de l'expertise et, autant que possible, à l'époque où elles viennent d'être causées... » (Aisne.)

« Il me semble très-utile de signaler plus spécialement encore à l'attention de M. le ministre une lacune qui, dans la procédure administrative, entrave d'une manière sérieuse l'action de la justice :

« Dans certaines circonstances, dans les cas surtout de dommages résultant de travaux en cours d'exécution, il y a souvent grand intérêt, nécessité même, à faire ordonner, *d'urgence* et par mesure provisoire, un constat des lieux, sans lequel, plus tard, l'importance du dommage devient, pour le juge, difficile à apprécier. » (Loire-Inférieure.)

2. Rapport du président du conseil de préfecture de la Seine.

3. Corrèze, Corse, Gard, Lot-et-Garonne, Lozère, Marne, Sarthe, Seine, Var, Vaucluse.

4. Rapport du président du conseil de préfecture de la Seine.

Si certains conseils de préfecture, s'autorisant par analogie du Code de procédure civile, usent de ces moyens de vérification[1], d'autres se font scrupule d'y recourir[2], incertains de la limite de leurs droits ou hésitant, en l'absence d'un texte formel, à mettre les frais d'une opération de ce genre à la charge des parties. Plus d'une fois même, pour échapper à ce dernier embarras, les conseillers ont consenti à supporter personnellement les dépenses de leur déplacement[3]. Il est inadmissible que des juges puissent être amenés à payer les frais de l'instruction et se trouvent ainsi placés entre leur propre intérêt et l'intérêt de la justice. Le décret du 18 juin 1811, portant tarif des frais en matière criminelle, de police correctionnelle et de simple police, et dont le chapitre VII (art. 87 à 89) est relatif au transport des magistrats[4], fournirait tous les éléments d'une réforme sur ce point.

C'est surtout en matière de contraventions, d'élections[5] et de loge-

1. En 1880, la première section du conseil de préfecture de la Seine, sous la présidence de M. Émile Laurent, président du conseil, a fait une visite de lieux dans la plaine de Gennevilliers, à l'occasion de l'instance pendante entre la commune de Gennevilliers et la ville de Paris, au sujet des irrigations par les eaux d'égout.

« Il est fréquemment arrivé au conseil, pendant l'année qui vient de s'écouler, de se rendre sur les lieux litigieux, soit aux frais des parties qui avaient sollicité ce mode d'instruction, soit à ses propres frais. » (Rhône.)

2. Marne. — « Les enquêtes et les visites de lieux se font très-rarement. Pourquoi les dispositions des articles 252 à 301 du Code de procédure civile ne leur seraient-elles pas applicables, sauf les modifications de nature à simplifier la procédure et à la mettre en harmonie avec les principes de la justice administrative, la célérité, l'instruction et le jugement à peu de frais ? » (Corrèze.)

3. « Pourquoi les membres du conseil sont-ils obligés de supporter les frais inhérents à leurs déplacements ? Pour les tribunaux civils n'est-il pas accordé une juste indemnité lorsque leurs membres se rendent sur les lieux pour examiner l'objet du litige ? » (Corrèze.)

« Ces visites ont été plusieurs fois demandées par les avocats et le conseil les a ordonnées, prenant à sa charge les frais de déplacement. Les conseillers de préfecture ne peuvent, le plus souvent, ajouter leurs frais de déplacement aux frais de l'instruction ; il leur est impossible de se faire rembourser de leurs avances dans les affaires électorales. Dans tous les cas, ils ne sauraient comment tarifer leurs transports. » (Sarthe.)

4. Les dispositions des articles 88 et 89 de ce décret ont été étendues par l'ordonnance du 4 août 1824 au cas prévu par l'article 496 du Code civil (interrogatoire de l'interdit à son domicile). — V. Dalloz, *Code de procédure civile annoté*, art. 301.

5. « ... En matière électorale surtout, des faits d'où dépend le plus souvent la décision du conseil ne peuvent être qu'imparfaitement élucidés. Le maire est, en effet, toujours intéressé dans ces questions et on ne peut lui confier la direction d'une enquête ; d'un autre côté, des instructions formelles interdisent aux juges de paix et à la gendarmerie d'intervenir dans ces opérations. Le conseil n'a d'autre ressource que celle des enquêtes à l'audience. Il y a quelquefois recours ; ce mode

ments insalubres[1] que les enquêtes et les visites de lieux seraient nécessaires. Tantôt elles rendraient l'expertise inutile et la remplaceraient à moins de frais et avec plus de célérité, tantôt elles en compléteraient ou en élucideraient les résultats[2].

M. Aucoc a consacré un article de son projet de loi (art. 25) aux visites de lieux et un paragraphe tout entier (§ 3, art. 26 à 36) aux enquêtes et interrogatoires.

Préparation du projet de décision. — Aux termes de l'article 9 du décret du 12 juillet 1865, « lorsque l'affaire est en état de recevoir une décision, le rapporteur prépare le rapport et *le projet de décision* ».

On a vu là une « disposition fâcheuse[3] », « incompatible avec notre droit public actuel[4] »; on a pensé que le conseiller rapporteur, « par

---

d'instruction, très-dispendieux dans des affaires qui, aux termes de la loi, se traitent sans frais, n'offre pas des garanties suffisantes; la vérité se perçoit difficilement au milieu de dépositions incohérentes, contradictoires et le plus souvent dictées par l'esprit de parti. Il est arrivé que, malgré de nombreuses dépositions faites à l'audience sous la foi du serment, il n'a pas été possible de savoir si tel conseiller avait ou non assisté à une élection de maire : un nombre égal de conseillers municipaux ayant pris part aux opérations affirmait ou niait le fait. Cependant la matière si importante des enquêtes n'est pas encore réglementée. » (Corse).

« Les enquêtes peuvent être nécessaires en matière électorale ; il ne paraît pas possible d'appeler à l'audience tous les électeurs qu'il serait utile d'entendre, et c'est dans les communes mêmes que le juge chargé d'une enquête par le conseil peut trouver la vérité et grouper les preuves qui permettent de juger en parfaite connaissance de cause.

« Il arrive également que, malgré les rapports déposés par les experts, malgré toutes les pièces de l'instruction, certaines affaires nécessitent une visite des lieux. Ces visites ont été plusieurs fois demandées par les avocats et le conseil les a ordonnées... » (Sarthe.)

1. Une expertise a été quelquefois ordonnée en matière de logements insalubres ; mais on s'est demandé qui devrait supporter les frais de cette opération si le requérant obtenait gain de cause : dans aucun cas, ce ne pourrait être la commune, puisqu'elle n'est pas partie en cause. — V. G. Jourdan, *Législation sur les logements insalubres*, 2e édition, p. 116.

2. Sarthe. — « Il y aurait encore un autre palliatif (aux retards occasionnés par l'expertise), à savoir la descente sur les lieux litigieux opérée par un ou plusieurs membres du conseil, mais la mise en pratique de cette procédure est bien peu fréquente : en effet, pour certaines questions la tierce expertise est obligatoire (loi du 16 septembre 1807) et dans les autres, les parties réclament elles-mêmes l'expertise dans leurs conclusions, la visite des lieux amènerait un retard et une augmentation de frais. Cependant, en présence des procès-verbaux d'expertise rédigés d'une façon confuse, et dans lesquels il arrive parfois que les arbitres confessent leur incompétence, cette mesure est indispensable. » (Marne.)

3. Savoie.

4. Loire-Inférieure.

amour-propre d'auteur ou pour s'éviter un double travail », n'aimerait pas à voir modifier le projet qu'il aurait préparé d'avance[1]. On s'est demandé s'il n'y avait pas là « un danger véritable », si ce projet d'arrêté ne constituait pas, « dans l'esprit de celui des juges qui a déjà étudié l'affaire, une prévention contre laquelle viendraient se briser peut-être tous les efforts de la discussion orale[2] ». On est allé jusqu'à dire que l'obligation imposée au rapporteur par l'article 9 du décret de 1865 « semble en contradiction complète avec le principe qui a consacré la publicité des audiences et les débats contradictoires ; qu'elle ne tient pas assez de compte des éclaircissements que peut faire naître la discussion orale, et qu'elle tend à enlever au magistrat, même à son insu, la liberté d'esprit et l'indépendance de jugement qu'il doit conserver jusqu'au moment où, après avoir puisé à *toutes* les sources de l'instruction, il est appelé à exprimer son opinion définitive[3]. »

Ces objections peuvent se résumer ainsi : si le projet préparé d'avance ne doit pas être modifié, quelle est l'utilité des observations orales? S'il doit être modifié, à quoi bon l'avoir préparé?

Le dilemme n'est peut-être pas aussi concluant qu'il le paraît. L'instruction étant essentiellement écrite, le conseil de préfecture ne peut juger que d'après les pièces du dossier. Sans doute, le débat public constitue une garantie pour les justiciables; mais il ne doit point usurper la première place. Les observations orales expliquent, élucident les conclusions écrites; elles contribuent surtout à éclairer ceux des conseillers qui n'ont pas eu le dossier entre les mains, à les mettre à même de contrôler, de discuter l'impression du conseiller rapporteur; elles ne sauraient sans danger prendre les proportions et l'importance d'une plaidoirie, ni tendre à substituer des allégations plus ou moins justifiées aux faits établis par l'instruction écrite.

Quant à la répugnance qu'éprouverait le conseiller rapporteur à modifier le projet qu'il a rédigé, elle n'est pas insurmontable, et c'est au président et aux autres membres du conseil qu'il appartient de la vaincre.

Alors même que ce projet sera modifié, il aura servi à prémunir le conseil contre les entraînements et les surprises de l'audience. On

1. Savoie.
2. Var.
3. Loire-Inférieure.

pourrait ajouter que la préparation d'un projet de décision oblige le rapporteur à un examen plus approfondi des questions soulevées que ne ferait la rédaction d'un simple rapport.

La disposition qui prescrit cette préparation a été conservée dans le projet de M. Aucoc (art. 12).

Avis d'audience. — « L'article 12 du décret de 1865 décide que toute partie qui a fait connaître l'intention de présenter des observations orales, *doit être avertie par lettre non affranchie*... La pratique a démontré que, dans certains cas, l'avis d'audience ne touchait pas la partie. Lorsqu'il s'agit, par exemple, d'affaires d'élections, il arrive quelquefois que les avis d'audience sont refusés par les parties et reviennent au greffe. Il semble qu'il y aurait un moyen bien simple de modifier cette notification des avis d'audience. Si on veut confier ce service à la poste, ne serait-il pas facile de faire *recommander* ou *charger* les avis d'audience et d'exiger ainsi un récépissé des parties, ce qui rendrait absolument certaine la remise de ces avis[1]?

« Un autre moyen aussi simple de faire remettre aux mains des parties ces avis d'audience, ce serait d'employer la forme administrative, forme déjà employée en vertu de l'article 5 du décret de juillet 1865, pour la notification des décisions du conseil, avec récépissé de cette notification ou, à défaut de récépissé, procès-verbal de la notification par l'agent qui l'a faite[2]. »

De ces deux moyens, M. Aucoc a préféré la notification administrative[3], déterminé sans doute par le désir d'abaisser autant que possible les frais de la procédure.

La lettre recommandée offrirait pourtant des avantages : elle atteindrait le destinataire plus rapidement[4], plus sûrement[5] ; elle dispense-

1. Cette innovation ne serait pas sans précédent. Aux termes de l'article 1558 de l'instruction générale sur la comptabilité publique, les arrêts de la Cour des comptes sont notifiés aux receveurs par lettres chargées du greffier en chef de la Cour.

2. Lozère.

3. Art. 7 et 44 du projet.

4. L'avertissement (avis d'audience) doit être donné quatre jours au moins avant la séance, aux termes de l'article 12 du décret du 12 juillet 1865. Si à ce délai de 4 jours on ajoute le temps nécessaire pour effectuer la notification, temps qui dépasse parfois une semaine, on reconnaîtra que le rôle de la séance publique devrait être arrêté au moins douze jours d'avance, ce que rendent impossible, dans le département de la Seine, les remises à huitaine et le roulement des commissaires du Gouvernement.

5. Avant de parvenir au destinataire, la pièce à notifier passe entre les mains du

rait d'un surcroît de besogne les secrétaires de mairies, déjà surchargés de détails[1]. Quant aux frais, on les éviterait, au besoin, en décidant que les lettres recommandées émanant des conseils de préfecture et envoyées sous bandes mobiles ou sous enveloppes ouvertes, circuleraient en franchise dans les limites du département[2].

Décisions. — Les rapports des vice-présidents posent, au sujet des arrêtés des conseils de préfecture en matière contentieuse, diverses questions sur la solution desquelles la loi est muette, la jurisprudence variable.

« En matière d'opposition, par exemple, les variations que l'on remarque dans la jurisprudence du Conseil d'État, toutes les fois qu'il s'agit de déterminer les caractères d'un arrêté de défaut, font regretter le manque de textes précis[3]. » Ce point est réglé par l'article 53 du projet de M. Aucoc, qui définit les arrêtés contradictoires.

« La partie qui n'a produit aucune défense écrite peut-elle se présenter à la séance publique et demander à être entendue [4] pour que le débat soit contradictoire, ou, au contraire, la parole doit-elle être refusée à toute partie qui n'a pas déposé des conclusions écrites avant le jour de la séance publique[5] ? »

L'article précité du projet de M. Aucoc dispose que les arrêtés sont considérés comme contradictoires lorsqu'ils ont été « rendus sur les requêtes ou mémoires en défense des parties, alors même que les parties ou leurs mandataires n'auraient pas présenté d'observations orales à la séance publique ». Ainsi, ce sont les requêtes et les mémoires en dé-

---

préfet, du sous-préfet, du maire et de l'agent assermenté qui notifie. Le récépissé ou le procès-verbal de notification suit la même filière en sens inverse.

1. La notification administrative exige la rédaction d'un récépissé ou d'un procès-verbal et d'une ou plusieurs notes de transmission.

2. Les parties qui ne seraient pas domiciliées dans le département y feraient élection de domicile, si elles voulaient bénéficier de la franchise.

3. Gers, Vaucluse.

4. La question suivante nous paraît appeler une réponse affirmative : « La partie qui n'a pas fait connaître son intention de présenter des observations orales à la séance publique où son affaire sera portée, doit-elle être admise à prendre la parole devant le conseil ? » (Lozère.)

5. Corrèze. — Le conseil de préfecture de la Seine admet, dans ce cas, les parties à prendre la parole ; mais leurs observations orales ne sont entendues qu'à titre de renseignement ; elles ne suffisent point, l'instruction étant écrite, pour rendre le débat contradictoire.

fense échangés entre les parties qui, à l'exclusion des observations orales, donnent aux arrêtés le caractère contradictoire.

Les arrêtés rendus par les conseils de préfecture sont-ils exécutoires[1] ? « La loi du 29 floréal an X, par son article 4, décide que les arrêtés des conseils de préfecture statuant sur les contraventions aux lois et règlements sur la police de la grande voirie, peuvent être exécutés sans visa ni mandement des tribunaux ; mais aucune disposition de loi ou de règlement n'a étendu cette faculté aux décisions rendues sur les autres matières contentieuses. Un avis du Conseil d'État du 5 février 1826 considère ces décisions comme exécutoires sans la formule en question, et cette manière de voir est généralement entrée dans la pratique ; toutefois, il arrive souvent que les huissiers, ayant à signifier un arrêté à partie, hésitent à le faire si le mandement n'est pas mentionné sur l'expédition qui leur est remise, de crainte de supporter ultérieurement des frais frustratoires.

« Il est vrai qu'il n'est pas interdit aux conseils de préfecture d'adopter ce même mandement ; mais il serait préférable qu'une loi ou un règlement le déclarât ou complétement inutile ou obligatoire pour toutes les décisions contentieuses non soumises à un mode d'exécution particulier[2]. »

M. Aucoc donne encore satisfaction à ce désir : « Les arrêtés des conseils de préfecture, porte l'article 50 de son projet de loi, sont exécutoires et emportent hypothèque[3]. »

Enfin, « les formes des recours contre les décisions des conseils devraient être nettement indiquées », dit le vice-président du Var. Tel est l'objet des articles 57 à 61 du projet de loi de M. Aucoc.

---

1. « Les arrêtés devraient avoir par eux-mêmes force exécutoire et produire les mêmes effets que les jugements des tribunaux civils. » (Corrèze.)

2. Lot-et-Garonne. — L'article 431 du décret du 31 mai 1862 sur la comptabilité soumet les expéditions exécutoires des arrêtés du conseil de préfecture à l'obligation du mandement ; mais on peut prétendre que l'article 13 du décret du 12 juillet 1865 a abrogé sur ce point l'article 434 du décret de 1862.

3. Veut-on un exemple de la diversité que l'absence d'un règlement général a introduite dans la procédure des conseils de préfecture ? Nous l'emprunterons aux renseignements recueillis par M. Adert et que nous avons déjà cités. « Dans 67 départements (y compris la Seine), écrit M. Adert, le registre des arrêtés est signé, à la suite de chaque décision, par le président, le rapporteur et le secrétaire-greffier. Dans les 22 autres, ou ce ne sont que les conseillers qui signent, à l'exclusion du secrétaire-greffier, ou c'est le président et le secrétaire-greffier seuls, ou enfin ce n'est que le greffier, le président se bornant alors à viser le registre tous les trois mois. »

Dépens. — « Un arrêt du Conseil d'État du 13 décembre 1878 (héritiers Bessus et Ragis c. commune d'Aouste[1]) décide qu'une partie ne peut être condamnée aux dépens de l'instance, la procédure étant sans frais devant les conseils de préfecture. Cette décision donne dès à présent naissance à des difficultés d'interprétation auxquelles une disposition formelle de loi ou de règlement peut seule mettre un terme. Peut-être conviendrait-il de profiter de cette circonstance pour édicter un tarif des dépens[2]. »

« Ici, en effet, aucune règle n'est tracée ; dans la liquidation des dépens, le conseil de préfecture applique tantôt le décret-tarif du 16 février 1807, tantôt agit arbitrairement par appréciation des circonstances *ex æquo et bono,* d'après la nature et l'importance de l'affaire[3]. »

De plus, « une incertitude existe sur le point de savoir si la taxation des frais d'expertise doit être faite par le conseil ou seulement par le vice-président, ainsi que cela se pratique devant les tribunaux civils[4] ».

D'après M. Aucoc, la liquidation des dépens serait faite, suivant l'époque à laquelle serait produit l'état des dépens, soit par le conseil, conformément à un tarif fixé par un règlement d'administration publique, soit par le président, sur la proposition du rapporteur. Les parties pourraient former devant le conseil opposition à la taxe du président[5].

Contraventions. — « Les lois des 21 mai 1836, 30 mai 1851 et le décret du 12 juillet 1865 ont établi trois formes de procéder différentes :

« *a.* Pour les anticipations sur les chemins vicinaux ;

« *b.* Pour les contraventions en matière de police du roulage ;

« *c.* Pour les autres contraventions de grande voirie.

« N'y aurait-il pas lieu d'adopter des dispositions uniformes en ces

1. Voy. *Recueil des arrêts du Conseil d'État,* 1878, p. 1035.

2. Rapport du président du conseil de préfecture de la Seine. — Corrèze, Lozère, Nièvre, Sarthe, Var, Vaucluse.

3. Corrèze.

4. Gers.

5. Dans la Seine, la taxe est faite par le président du conseil de préfecture, d'après les bases posées dans un arrêté de M. Dieu, en date du 22 juin 1868. Les recours contre les arrêtés de taxe sont jugés sur opposition par le conseil de préfecture, dont les décisions sont d'ailleurs susceptibles de pourvoi devant le Conseil d'État.

matières? La notification des procès-verbaux de contraventions devrait, notamment, être soumise à des règles précises. L'absence de prescriptions formelles à cet égard prolonge et complique l'instruction des affaires[1]. »

L'article 9 du projet de loi de M. Aucoc ne détermine la procédure à suivre pour les contraventions qu' « à défaut de règles établies par des lois spéciales ». Il laisse donc subsister la diversité de formes que l'on regrette.

Contributions directes et taxes assimilées. — On sait que le déla imparti au contribuable pour réclamer contre l'établissement de sa taxe est de trois mois à partir de la publication du rôle : ce délai expiré, la requête est écartée par la déchéance. Il semble bien rigoureux d'opposer cette déchéance dans le cas, signalé par le président du conseil de préfecture de la Seine, d'une double imposition dans deux départements :

« Quand un contribuable est imposé, dans deux départements, à deux taxes formant entre elles double emploi, il arrive fréquemment qu'il réclame la décharge de celle des deux taxes qui est dûment imposée. Dans ce cas, lorsque le rejet de sa demande lui révèle son erreur, il ne peut plus réclamer utilement dans le département où il a été imposé à tort : le délai de trois mois à dater de la publication du rôle est dépassé et la requête, bien que fondée en droit, devrait être écartée par la déchéance.

« Il serait équitable qu'un nouveau délai de trois mois courût, dans le département où le contribuable avait originairement le droit de réclamer, à partir de la notification de la décision de rejet rendue dans l'autre département. »

« Aux termes de la loi du 21 avril 1832, art. 28, le contribuable doit joindre à sa réclamation la quittance des termes échus et il n'est tenu de payer jusqu'à la décision à intervenir que les trois premiers douzièmes venant à échoir et correspondant au délai accordé au conseil pour statuer sur sa demande[2]. » Lorsque la décision du conseil n'est pas intervenue dans ce délai, — et c'est ce qui arrive le plus souvent[3], — le contribuable refuse de payer, et il est l'objet de poursuites

1. Rapport du président du conseil de préfecture de la Seine.
2. Aveyron.
3. « Il est matériellement impossible de juger, dans le délai de trois mois fixé

de la part du percepteur qui n'a pas connaissance du litige. « Il est vrai que, d'après les dispositions de la loi, le réclamant n'est pas responsable de ces frais de poursuites ; mais le percepteur ne doit pas les supporter non plus ; il a agi de bonne foi, et, comme le conseil ne peut statuer que sur la réclamation qui lui est soumise, ces frais restent à la charge du demandeur. Pourquoi ne pas obliger la direction à donner avis aux percepteurs des demandes en décharge qu'elle retient dans ses bureaux, et sur lesquelles elle n'a pu fournir encore de conclusions? L'on éviterait ainsi des frais inutiles[1]. »

Une réforme non moins facile à réaliser est réclamée par le vice-président de la Seine-Inférieure. « Dans l'état actuel de la législation (loi du 21 avril 1832, art. 29), dit-il, lorsque le directeur des contributions n'est pas d'avis d'admettre la réclamation, il doit exprimer, dans un rapport, les motifs de son opinion, transmettre ensuite le dossier à la sous-préfecture et inviter le réclamant à faire connaître, dans les dix jours, s'il veut fournir de nouvelles observations ou recourir à une expertise.

« En raison de la grande distance qui existe, la plupart du temps, entre les communes et le chef-lieu d'arrondissement, les contribuables hésitent, le plus souvent, à s'imposer des frais de déplacement peu en rapport avec l'importance parfois restreinte du litige. Aussi, serait-il à souhaiter, dans l'intérêt de ces mêmes contribuables, que la disposition législative précitée pût être modifiée en ce sens que le dossier serait déposé à la mairie du domicile du contribuable au lieu de l'être à la sous-préfecture[2]. »

Nous avons signalé les critiques que provoque le rôle joué par l'ingénieur en chef des ponts et chaussées dans la tierce expertise en matière de travaux publics. « La même observation s'applique à la contre-vérification faite, dans les cas prévus à l'article 29 de la loi du 26 mars 1831, par l'inspecteur des contributions directes, ou, à son défaut, par un contrôleur autre que celui qui a procédé à la première instruction[3]. » « Cette disposition légale est l'objet des plus vives plain-

---

par l'article 28 de la loi du 21 avril 1832, les 13,000 ou 14,000 réclamations présentées annuellement dans le département de la Seine. Il faudrait au moins doubler ce délai. » (Rapport du président du conseil de préfecture de la Seine.)

1. Aveyron.

2. Seine-Inférieure.

3. Nièvre, Puy-de-Dôme. — Calvados, Eure, Somme, Tarn.

tes de la part des contribuables. Après la première vérification, le conseil se trouve le plus souvent en présence d'affirmations absolument contradictoires et dans l'impossibilité d'apprécier de quel côté il y a exagération ; dans ces conditions, les réclamants ne demandent presque jamais la contre-vérification, cette opération devant être faite par un agent de l'administration en cause. La désignation, par les conseils de préfecture, d'un tiers expert qui n'appartînt pas à l'administration des contributions directes pourrait seule faire de cette seconde vérification un mode d'information concluant et complet[1]. »

On satisferait à ces desiderata au moyen des articles 13, 14 et 17 du projet de loi de M. Aucoc, si l'on décidait que ces articles seront applicables aux contributions directes[2].

Par suite de l'interprétation donnée par la jurisprudence du Conseil d'État à l'article 18 de l'arrêté du Gouvernement du 24 floréal an VIII[3],

1. Somme, Vosges.

2. Nous devrions peut-être reproduire ici les observations qui ont été faites au sujet de l'expertise en matière de subventions spéciales pour dégradations extraordinaires des chemins vicinaux ; mais, comme ces observations ont une portée plus générale et visent le principe même de la taxe, nous les réservons pour la partie consacrée aux subventions dans le paragraphe relatif à la compétence.

3. « Les articles 17 et 18 de l'arrêté du Gouvernement du 24 floréal an VIII sont ainsi conçus :

« Art. 17. Les frais de vérification et d'experts seront réglés par le préfet, sur « l'avis du sous-préfet.

« Art. 18. Ils seront supportés, savoir :

« Par la commune lorsque la réclamation aura été reconnue juste ;

« Par le réclamant lorsque la réclamation aura été rejetée. »

« Il serait utile de faire ajouter à ce dernier paragraphe la mention suivante : « ou lorsqu'il n'aura été accordé aucune réduction supérieure à celle proposée « par le directeur des contributions directes avant la demande d'expertise. »

« D'après le dernier état publié de la jurisprudence du Conseil d'État (décision du 22 février 1878, ville de Laon, p. 195 du recueil de MM. Panhard et Hallays-Dabot), les termes « lorsque la réclamation aura été rejetée » devraient être interprétés à la lettre et la solution suivante admise :

« Un contribuable demande une réduction de 20 fr., par exemple, sur le montant de la cote qui lui est attribuée, et qui vise un élément déterminé d'imposition ; le directeur des contributions directes, après une première instruction de la requête, propose d'accorder seulement une réduction de 10 fr. ; le réclamant, dans le délai qui lui est assigné, prend connaissance du dossier à la sous-préfecture, déclare ne pas se contenter du chiffre de 10 fr. et demande qu'il soit procédé à une expertise ; l'expertise a lieu et le conseil de préfecture accorde la seule réduction de 10 fr. que proposait primitivement le directeur ; la commune ou l'État doit supporter les dépens, la demande du contribuable n'est pas rejetée en totalité.

« Une application aussi stricte de l'arrêté du 24 floréal an VIII ne peut que compromettre les intérêts des communes et de l'État, car tout réclamant auquel le directeur proposerait d'accorder une réduction quelconque, assuré que cette réduc-

c'est l'administration qui supporte le plus souvent les frais d'expertise en matière de contributions directes et de taxes assimilées.

« Lorsqu'une réclamation n'est pas reconnue entièrement fondée, mais a provoqué cependant de la part de l'administration, avant expertise, l'offre d'une réduction et motivé de la part du conseil, après expertise, un dégrèvement si minime qu'il soit, les frais sont en totalité mis à la charge de l'administration, par application de l'article 18 de l'arrêté du 24 floréal an VIII. Les agents d'affaires profitent de cette jurisprudence pour réclamer l'expertise à tout propos et sans nécessité, certains qu'ils sont de voir mettre les frais à la charge de l'administration. Ne serait-il pas équitable d'abroger l'article 18 de l'arrêté consulaire du 24 floréal an VIII et de revenir aux dispositions de l'article 224 de la loi du 2 messidor an VII, qui dit que les frais seront supportés par les réclamants, si la demande est rejetée ou s'ils ont refusé la réduction primitivement offerte par l'administration et ultérieurement jugée suffisante par le conseil[1] ? »

Élections. — « L'article 45 de la loi du 5 mai 1855 oblige le conseil de préfecture à statuer sur les réclamations dans le délai d'un mois à compter de la réception des pièces à la préfecture[2]. » « Or, aujourd'hui, avec les débats publics et oraux, avec les délais à observer pour communiquer les pièces aux parties, avec les enquêtes qui sont demandées[3] et qu'il faut bien quelquefois ordonner, il est matériellement impossible de juger dans ce délai, ou on le fait avec une instruction imparfaite et tronquée[4]. »

Le délai d'un mois, insuffisant le plus souvent[5], devient presque dérisoire lorsque le renouvellement général des conseils municipaux multiplie les réclamations[6], ou lorsqu'il est fait opposition devant le conseil de préfecture à une première décision rendue par défaut[7], ou encore lorsque « les circonstances de l'affaire exigent la solution par les

---

tion lui serait déjà acquise, ne courrait aucun risque en demandant une expertise dont il n'aurait pas à supporter les frais. » (Lot-et-Garonne.)

1. Rapport du président du conseil de préfecture de la Seine.
2. Seine.
3. Eure-et-Loir, Lot-et-Garonne, Somme.
4. Côtes-du-Nord. — Lot-et-Garonne, Somme.
5. Corrèze, Côtes-du-Nord, Eure-et-Loir, Marne, Seine, Somme.
6. Lot-et-Garonne, Marne.
7. Seine.

tribunaux ordinaires d'une question préjudicielle[1] ». Dans cette dernière hypothèse, la réclamation ne peut jamais recevoir une solution devant la juridiction administrative du premier degré et l'insuffisance des délais « amène pour ainsi dire un déni de justice[2] ».

Il conviendrait donc que le délai fixé par l'article 45 de la loi du 5 mai 1855 fût porté à deux mois[3], soit dans tous les cas[4], soit au moins dans le cas de renouvellement général des conseils municipaux[5]

Nous venons d'indiquer les divers points de la procédure administrative qui ont appelé plus spécialement l'attention des conseils de préfecture et on a pu voir que, sur la plupart de ces points, le projet de loi préparé par M. Aucoc donnerait satisfaction aux vœux exprimés. Nous n'avons plus à nous occuper que de la compétence et des questions qui s'y rattachent.

III.

COMPÉTENCE.

La rédaction d'un Code de procédure n'est pas le seul travail de révision que demandent les rapports des vice-présidents.

« La compétence des conseils de préfecture s'exerce sur des objets très-différents, très-nombreux, et sur des intérêts quelquefois très-considérables. Cependant les lois qui les régissent sont incohérentes et parfois obscures. Ces lois, de dates différentes, éparses dans nos Codes, portent l'empreinte des époques diverses où elles furent conçues. Aussi ne pourrait-on souvent discerner le principe commun qui les relie[6] : à tel point que ni la doctrine, ni la jurisprudence n'ont pu encore se mettre d'accord sur les limites de leur compétence[7]... C'est pourquoi la

1. Marne.
2. Marne.
3. Corrèze, Lot-et-Garonne. — « Le délai devrait être porté à trois mois. » (Côtes-du-Nord.)
4. Corrèze.
5. Lot-et-Garonne.
6. « ... Cette compétence est déterminée principalement par la loi du 28 pluviôse an VIII. Mais une foule de lois et de décrets ont augmenté leurs attributions. Le lien logique qui unit ces dispositions n'est pas toujours très-apparent. » (Belfort.)
7. « ... Des difficultés très-réelles naissent souvent de l'indécision des limites qui séparent non-seulement la juridiction des tribunaux civils de la juridiction des conseils de préfecture, mais encore celle-ci de la juridiction attribuée aux préfets et aux ministres comme juges administratifs. » (Belfort.)

révision complète des lois administratives et leur codification nous paraissent indispensables[1]. »

« Une bonne codification faciliterait l'étude, l'intelligence et la connaissance des lois[2]; la réunion en un seul faisceau des lois diverses qui règlent les matières administratives rendrait à tous les plus signalés services[3]. »

« Les juges des tribunaux civils ont le Code civil et le Code de procédure civile ; les juges des tribunaux de commerce ont le Code de commerce; les juges chargés de la répression des crimes et des délits ont le Code pénal et le Code d'instruction criminelle..., les conseillers de préfecture seraient heureux d'avoir un Code[4]... »

« A défaut d'une codification générale des lois administratives, dit encore le vice-président du conseil de préfecture de Belfort, codification qui rendrait d'immenses services à l'État et aux citoyens, mais qui constitue une tâche énorme et de longue haleine, il serait bon de codifier d'une manière rationnelle toutes les dispositions légales qui forment le domaine des conseils de préfecture[5]. »

Même réduite à ces proportions, la tâche serait encore considérable; elle ne consisterait à rien moins qu'à coordonner et à fondre une centaine de textes disparates, lois, décrets, ordonnances, etc., qui s'abrogent, se modifient, se complètent les uns les autres, et se concilient assez imparfaitement. Si un jurisconsulte se laissait tenter par l'intérêt qu'offrirait une pareille œuvre, il risquerait d'être bientôt découragé par l'étendue et les difficultés de l'entreprise.

Au reste, dans l'esprit de quelques-uns de ceux qui la demandent, cette codification ne se bornerait pas à une simple compilation : elle entraînerait un remaniement complet des textes[6] et coïnciderait avec une extension de la compétence des conseils de préfecture[7].

---

1. Hautes-Pyrénées. — Allier, Ardennes, Aube, Belfort, Dordogne, Loir-et-Cher, Lozère, Maine-et-Loire, Mayenne, Haute-Saône, Deux-Sèvres.

2. « Les recherches sont impossibles pour les justiciables et quelquefois même très-difficiles pour les conseillers. » (Deux-Sèvres.)

« Quelques-uns de ces règlements (antérieurs à 1789) ont été abrogés ou modifiés. La recherche de leur texte est souvent une cause de lenteur et peut entraîner parfois des applications erronées. » (Loir-et-Cher.)

3. Lozère, Belfort.

4. Lozère.

5. Belfort, Dordogne, Haute-Saône, Var.

6. Belfort, Hautes-Pyrénées. — « Il serait utile ... que les règlements antérieurs à 1789 fussent l'objet d'un remaniement afin d'être mieux appropriés aux intérêts modernes. » (Loir-et-Cher.)

7. Nièvre, Tarn, Var.

Le vice-président de Belfort voudrait que l'on partît « de ce principe que ces tribunaux sont les juges ordinaires en matière administrative et que, par suite, ils doivent être saisis de toutes les affaires qui soulèvent une question d'application ou d'interprétation des actes administratifs[1] : c'est l'opinion soutenue par la plupart des jurisconsultes qui se sont occupés de la question, de MM. Vivien, Serrigny, Dufour, Chauveau (Adolphe), etc. »

Telle est aussi l'opinion des vice-présidents du Var et de la Nièvre. « La juridiction des conseils de préfecture, dit ce dernier, devrait devenir de droit commun dans les matières du contentieux communal et départemental. Les conseils sont plus à la portée des justiciables et, ayant un prétoire et des audiences publiques, ils offrent des garanties considérables.

« En étendant la juridiction contentieuse des conseils de préfecture avec les débris de celle des ministres et des préfets, on désencombrerait ces représentants de l'administration supérieure d'affaires dont ils ne peuvent souvent prendre une connaissance personnelle et qui sont réglées par leurs bureaux.

« M. Serrigny, dont nous ne faisons que résumer l'opinion, ajoute ensuite : « La force du gouvernement central ne serait point affaiblie, « puisque les décisions des conseils de préfecture aboutissent au Con« seil d'État aussi bien que celles des ministres. La différence est que « celles qui y arriveraient seraient mieux élaborées ; tout le monde ga« gnerait à ces modifications intelligentes, aussi bien l'administration « que les particuliers[2]. »

Sans méconnaître ce qu'il y a de fondé dans ces observations, on peut se demander si l'attribution aux conseils de préfecture de tout le contentieux administratif n'aurait pas pour résultat d'affaiblir l'autorité des préfets sur les maires, celle des ministres sur les préfets, et, par suite, d'amoindrir la responsabilité ministérielle. L'intervention in-

---

1. « La loi de réorganisation des conseils de préfecture devrait poser comme règle fondamentale que ces conseils sont juges en premier ressort de tout le contentieux administratif et non pas seulement par voie d'attribution pour les matières qui leur sont spécialement déférées en vertu d'une loi. » (Var.)

2. V. Serrigny, *De la Compétence*, 2e édition, tome II, page 11.

On a demandé aussi que, comme tous les tribunaux, comme les juges de paix, les conseils de préfecture prononçassent sur certaines matières en dernier ressort (Corrèze) ; mais y a-t-il beaucoup d'inconvénients à laisser aux parties un recours qui n'est pas suspensif, et qui, le plus souvent, n'entraîne pas de frais ; à moins qu'on ne reconnaisse la nécessité de décharger les rôles du Conseil d'État ?

cessante de ces tribunaux n'entraverait-elle pas quelquefois l'action administrative? Ne ralentirait-elle pas la marche d'affaires dont quelques-unes ne souffrent pas de retard? La question n'est pas de celles que l'on peut résoudre en quelques mots. Elle a d'ailleurs un caractère politique qui ne permet point de la discuter ici.

Nous nous bornerons donc à souhaiter la codification, au moins partielle, des lois qui intéressent les conseils de préfecture : quant à l'extension de leur compétence, sans être aussi générale qu'on l'a proposé, elle pourrait dès à présent porter sur certaines matières spéciales que nous allons avoir occasion d'indiquer.

Biens communaux. — Le conseil de préfecture de la Haute-Saône exprime le vœu « que la compétence en matière d'affouage soit rendue aux conseils pour le contentieux ».

Le vice-président de la Nièvre, qui se prononce dans le même sens, expose ainsi la question : « Jusqu'aux décisions prises par l'ancien Tribunal des conflits, le Conseil d'État avait consacré la compétence des conseils de préfecture, mais deux arrêts en date des 18 avril 1850 et 12 juin, même année, firent passer les questions relatives à l'aptitude des réclamants dans le domaine des tribunaux judiciaires, et le Conseil d'État s'est conformé depuis lors à la distinction établie par le Tribunal des conflits.

« Comme il n'y a pas de question d'une application plus fréquente dans notre département que celle de l'affouage, on ne saurait trop insister sur les avantages que vaudrait aux habitants des campagnes un changement de jurisprudence en cette matière. Tous les jours on voit devant les tribunaux civils des procès où les parties réclament des portions affouagères dont la valeur n'égale jamais les frais faits pour les obtenir. Et ces frais sont d'autant plus considérables que ces procès, greffés sur de prétendus droits d'usage, sont portés devant les tribunaux de première instance et instruits comme en matière ordinaire.

« Au point de vue du droit pur, la question est encore controversée, et plusieurs auteurs, notamment M. Serrigny[1], ont démontré jusqu'à l'évidence les fâcheuses conséquences de l'intervention de la juridiction civile dans les questions d'affouage[2]. »

C'est la législation même des « portions ménagères » que critique le

1. Tome II, pages 590 et suivantes.
2. Nièvre.

vice-président du Nord. « On appelle, dit-il, portions ménagères, dans le département du Nord, des biens du domaine communal qui ont été partagés et dont le mode de jouissance a été réglé par les lettres patentes de 1777 et de 1779.

« Quelques-unes des dispositions de cette législation ne devraient plus avoir place dans notre droit.

« Il suffit de dire que les lettres patentes de 1779 ont établi en ces matières les privilèges d'aînesse et de masculinité et attribuent ces parcelles, qui ont quelquefois une valeur de 1,500 à 3,000 fr. à l'aîné des enfants mâles du détenteur, et, à défaut, à l'aînée des filles.

« D'autre part, une observation générale s'applique également aux lettres patentes de 1777 et de 1779. La parcelle devenue vacante doit être attribuée au plus ancien des aspirants habitant la commune, ayant feu et ménage particulier. Mais comment établir cette qualité de plus ancien aspirant? L'inscription sur un registre des aspirants sera-t-elle une condition indispensable pour réclamer la part vacante? Peut-elle au contraire être toujours réclamée par le plus ancien habitant, ayant feu et ménage particuliers, quoiqu'il ait négligé de se faire inscrire, soit parce que sa situation lui permettait de ne point recourir à cette portion du domaine communal, soit parce qu'il a préféré attendre qu'une parcelle de valeur devînt vacante pour user de son droit?

« L'arrêté du préfet du Nord du 20 juillet 1813, et surtout l'arrêté du 12 mars 1830, art. 2, 3 et 4, sont excellents, et préviendraient la plus grande partie des difficultés ou du moins permettraient facilement de les résoudre, s'ils avaient force de loi.

« Mais les préfets n'avaient aucun mandat du législateur en ces matières pour édicter des dispositions qui pouvaient entraîner la déchéance d'un droit. Il suffirait de donner à ces textes la force qui leur manque[1]. »

Comptes de gestion. — « Les comptes de gestion des receveurs des communes et des établissements de bienfaisance[2], écrit le pré-

1. Nord.

2. A l'égard des bureaux de bienfaisance, le conseil de préfecture du Nord « s'est trouvé en présence de grandes difficultés », qui résultent d'ailleurs de l'inobservation des règles de la comptabilité plutôt que de l'insuffisance de la loi.

« Une règle élémentaire de comptabilité », la séparation des fonctions de l'ordonnateur et du comptable, est fréquemment éludée au moyen d'états de distribution. « Les administrateurs des bureaux de bienfaisance mandatent au profit de

sident du conseil de préfecture de la Seine, sont jugés conformément à l'article 66 de la loi du 18 juillet 1837, savoir : — par la Cour des comptes, pour les communes et les établissements dont les revenus ordinaires excèdent 30,000 fr. ; — par les conseils de préfecture, sauf recours à la Cour des comptes, pour les communes et les établissements dont les revenus n'excèdent pas 30,000 fr.

« Les changements de juridiction sont déterminés par le chiffre auquel se sont élevés les revenus ordinaires des communes et établissements pendant *trois exercices* consécutifs.

« L'interprétation de cette disposition législative a donné lieu à des divergences d'appréciation. Le conseil de préfecture de la Seine a jugé, en effet, en 1867 et 1868 (communes de Levallois-Perret et des Lilas), qu'il était compétent pour apurer les comptes de gestion des communes et établissements *récemment créés*, même lorsque les revenus de ces communes et établissements étaient, dès la première année, supérieurs à 30,000 fr. C'était, aux yeux du conseil, l'application de la disposition finale de l'article 66 de la loi du 18 juillet 1837.

« La Cour des comptes n'a point accepté cette jurisprudence, et une lettre du procureur général a fait connaître au préfet de la Seine qu'il y aurait lieu de l'abandonner. Cependant, s'il faut trois exercices con-

---

l'un d'entre eux, qui touche lui-même chez le comptable. Ils distribuent les fonds qu'ils ont ainsi touchés, et remettent ensuite au receveur, sans la signature d'aucune partie prenante, mais en l'affirmant sincère, un état de distribution destiné à être la justification de sa comptabilité irrégulière. »

Le conseil de préfecture a essayé d'introduire un commencement de régularité dans les procédés des administrateurs ; il s'est heurté à « des habitudes anciennes et à peu près générales », et ses efforts n'ont abouti à aucun résultat. Il a voulu exiger l'émargement des parties prenantes ; mais « les états de distribution portent imprimée la formule constatant que toutes les parties prenantes ne savent signer, et un émargement en bloc est ainsi donné aux administrateurs avec deux signatures à la suite de la formule ».

Les administrateurs « avec une pratique pareille, sont ordonnateurs ; ils sont comptables, puisqu'ils ont et remettent eux-mêmes les fonds ; ils sont parties prenantes, puisque leur affirmation tient lieu de la signature-quittance des véritables parties prenantes ».

Le vice-président du Nord propose, à titre de concession, de renoncer à la stricte application du règlement pour les secours inférieurs à 10 fr. « On pourrait, dit-il, admettre la validité des états de distribution ou mandats collectifs dressés par les administrateurs, mais délivrés sur la caisse du receveur, pour être les fonds versés par lui à chaque partie prenante dénommée dans l'état, contre sa signature, avec date pour émargement, et, si elle ne sait ou ne peut signer, la signature de deux témoins présents. »

Le rapport renferme encore sur la comptabilité des bureaux de bienfaisance d'autres indications intéressantes, que leur étendue ne nous permet pas de reproduire.

sécutifs pour présumer légalement que le chiffre de 30,000 fr. est atteint et pour justifier un changement de juridiction, — qu'il s'agisse de transmettre un compte du conseil de préfecture à la Cour, ou, au contraire, de renvoyer un compte de la Cour au conseil de préfecture, — ne peut-on pas en conclure que le législateur a entendu appliquer cette règle, même aux communes et établissements nouvellement créés et que le revenu ordinaire de 30,000 fr. et au-dessus ne peut être considéré comme définitif que lorsqu'il a survécu pendant trois années consécutives aux fluctuations inévitables du budget communal? Ne serait-il pas utile, en tout cas, qu'une disposition de la loi tranchât la question, soit en justifiant l'interprétation de la Cour souveraine, soit en acceptant l'opinion du conseil de préfecture de la Seine[1]?

« Je crois d'ailleurs devoir faire remarquer, à cette occasion, que la fixation du chiffre de 30,000 fr. de revenus ordinaires, limite actuelle de la compétence des conseils de préfecture, remonte à 1837.

« Avant cette époque, et dans un intervalle de trente ans environ, cette limite avait varié, mais toujours dans le sens de l'extension de notre compétence[2]. Aujourd'hui, les motifs qui avaient déterminé cette progression ascendante ont acquis une force d'autant plus grande que

1. Les notes de jurisprudence que la première présidence de la Cour des comptes adresse tous les ans aux conseillers et aux référendaires font mention d'une doctrine acceptée par la Cour et qui consiste à calculer, — notamment en matière de syndicats, — la limite de la compétence non plus sur le chiffre des *revenus* ordinaires pendant trois exercices, mais sur le montant des *titres émis*, quelles que soient d'ailleurs les recettes effectuées. Un arrêt du 9 décembre 1880, rendu ensuite d'un arrêté du préfet de la Seine dessaisissant le conseil de préfecture, au profit de la Cour, du jugement des comptes du syndicat d'Alfortville, formule ainsi cette nouvelle interprétation de l'article 66 de la loi du 18 juillet 1837:

« La Cour...,

« Attendu qu'il résulte des comptes des exercices 1875, 1876 et 1877, réglés par le conseil de préfecture, que les recettes ordinaires de la Société syndicale des rues d'Alfortville n'ont été supérieures à 30,000 fr. que pour les deux exercices 1875 et 1876, tandis que, d'après le compte de 1877, le montant des titres émis pendant cet exercice a été inférieur à cette somme, et s'est élevé à 16,134 fr. 87 c. seulement;

« Se déclare incompétente pour juger les comptes du receveur de la Société syndicale des rues d'Alfortville. »

Les recettes ordinaires effectuées en 1877, aussi bien sur les titres restant à recouvrer des exercices antérieurs que sur les titres de l'exercice courant, avaient cependant atteint le chiffre de 56,941 fr. 17 c. Or, ni la loi de 1837, ni le décret du 31 mai 1862, ne font de distinction entre les recettes ordinaires effectuées sur titres émis pendant l'exercice et les recettes ordinaires provenant des titres antérieurs.

2. Loi du 16 septembre 1807; décret du 3 janvier 1810; ordonnances des 28 janvier 1815, 21 mars 1816, 2 avril 1817, 31 octobre 1821, 23 avril et 18 juin 1823.

la valeur de l'argent s'est davantage abaissée, et qu'une somme de 30,000 fr. en 1880 équivaut à peine à une somme de 10,000 fr. en 1837. Il n'y aurait donc rien d'exagéré à porter de 30,000 fr. à 100,000 fr., le chiffre des revenus ordinaires limite de la compétence des conseils de préfecture. Ce serait rentrer dans la réalité des intentions de la loi. Ce serait aussi diminuer dans une notable proportion l'arriéré signalé dans la mercuriale du procureur général à la Cour des comptes[1]. »

La compétence des conseils de préfecture en matière de comptabilité sera sans doute étendue prochainement à un autre point de vue : la vérification des comptes des fabriques serait confiée à ces tribunaux[2]. D'après ce que dit à ce propos le vice-président de la Mayenne, on peut pressentir que ce serait leur faire un présent onéreux :

« La mesure serait bonne d'ailleurs, quelque surcroît de travail qu'elle dût apporter aux conseillers. Plusieurs fois, dans des affaires contentieuses, nous avons dû prendre connaissance des registres et des pièces de comptabilité des fabriques ; ils présentent trop souvent le désordre le plus absolu et on y constate de nombreuses irrégularités[3]. Il nous semble que ces comptes des fabriques devraient être confiés aux percepteurs, comme le sont déjà ceux des hospices et des bureaux de bienfaisance. Nous pouvons avoir une action directe et efficace sur ces fonctionnaires, nous n'en aurions aucune contre les trésoriers actuels, absolument ignorants, dans toutes nos paroisses rurales, des règles de la comptabilité, et contre lesquels d'ailleurs nous n'aurions que des moyens insuffisants de coercition[4]. »

---

1. Rapport du président du conseil de préfecture de la Seine.

2. « J'aurais appelé votre attention, Monsieur le Ministre, sur les comptes de gestion des fabriques, si le Parlement ne devait point être saisi prochainement d'un projet de loi dont vous avez confié l'étude préparatoire à une commission spéciale. » (Même rapport.)

D'autre part, le projet de loi sur les chemins ruraux attribue aux conseils de préfecture la vérification des comptes des associations syndicales formées pour l'ouverture, l'élargissement, la réparation et l'entretien des chemins ruraux.

3. Voy. dans le même sens, le *Projet de règlement d'administration publique sur la procédure devant les conseils de préfecture*, par M. Dieu, p. 119, note 1.

4. Le vice-président de l'Indre propose de rendre applicables aux conseils de préfecture les articles 446 et 447 du décret du 31 mai 1862 sur la comptabilité publique et d'obliger les présidents à adresser, chaque année, au ministre de l'intérieur un rapport qui « signalerait les irrégularités commises par les maires et par les autres agents administratifs, et renfermerait des vues de réforme et d'amélioration. » Cette proposition a été faite dès 1872 par la commission instituée près le ministère de l'intérieur. (Voir Rapport de M. Lavallée, p. 148.)

Contraventions et grande voirie. — A défaut d'un Code administratif unique, œuvre dont la réalisation peut paraître chimérique, nous avons vu les vice-présidents réclamer à l'envi un Code de procédure administrative et un Code de la compétence des conseils de préfecture. Une autre codification non moins nécessaire, mais plus facilement réalisable, encore que laborieuse, est réclamée avec autant d'insistance : c'est celle des lois et règlements sur la grande voirie[1].

« Les anciens règlements maintenus en vigueur par la loi du 22 juillet 1791 contiennent des dispositions obscures, incomplètes ou contradictoires. Ces textes, disséminés dans des recueils qu'il est parfois difficile de se procurer, sont ignorés de la grande majorité des justiciables. Il conviendrait peut-être de refondre et de classer méthodiquement leurs dispositions[2]. »

C'est ce qui a été fait en 1851 pour la police du roulage[3].

---

1. Aisne, Alpes-Maritimes, Charente-Inférieure, Côtes-du-Nord, Seine, Vaucluse.

2. Rapport du président du conseil de préfecture de la Seine.

« Il serait également nécessaire de reviser toutes les lois et ordonnances anciennes sur la voirie, et de réunir et codifier les dispositions relatives à cette matière. » (Aisne.)

« Une réforme des plus désirables serait aussi celle relative à la révision et à la codification de la législation sur la police de la grande voirie. Cette législation, dont certaines parties datent des XVIIe et XVIIIe siècles, est surannée, obscure et incomplète. » (Alpes-Maritimes.)

« Depuis l'édit de 1607, sur la police des rues et chemins et l'ordonnance de 1681 sur la marine, jusqu'à la loi du 23 mars 1842 et à nos jours, combien n'avons-nous pas de dispositions, quelques-unes surannées, dont l'application est souvent fort difficile ?

« Ne serait-il pas possible, en présence de cet état de choses, et dans l'intérêt du juge comme dans l'intérêt du justiciable, de codifier les principaux règlements concernant la grande voirie, et d'en former un corps de dispositions pénales dont l'application deviendrait aussi facile que le sont les articles du Code devant les tribunaux ordinaires ?

« Ce travail, quoique peu considérable, puisque les éléments en sont contenus dans la collection de nos lois et ordonnances, rendrait les plus grands services en ce sens qu'il donnerait une plus grande unité aux décisions administratives. » (Manche.)

3. Loi du 30 mai 1851 sur la police du roulage et des messageries publiques ; décret du 10 août 1852, portant règlement sur la police du roulage et des messageries publiques. Ce décret a été modifié ou complété par les décrets des 24 février 1858 et 29 août 1863.

« Je crois qu'il serait aussi utile de faire pour les lois sur la grande voirie, sur les canaux et les ports, dont quelques-unes remontent à 1600, ce qui a été fait pour la police du roulage... » (Côtes-du-Nord.)

« Ainsi qu'on l'a fait avec succès pour la police du roulage, il est urgent de refondre toute la législation relative aux contraventions, législation disparate et surannée, rendant impossible toute uniformité dans la jurisprudence... » (Sarthe.)

Toutefois, on ne saurait ici non plus se contenter d'une simple refonte. Le vice-président de la Marne signale « l'absence de dispositions pénales punissant un grand nombre de contraventions à la police des canaux, cours d'eau, routes et chemins de fer ».

Le conseil de préfecture de la Charente-Inférieure n'ayant pu condamner qu'aux frais du procès-verbal deux patrons de chaloupe qui avaient coupé l'amarre d'un trois-mâts, exprime « le regret de ne pas trouver dans la législation sur la voirie maritime une sanction pénale pour des faits de nature à entraîner des conséquences très-graves ».

Le conseil de préfecture du Nord réclame la transformation en loi des règlements préfectoraux en matière de halage et de navigation, règlements dont la violation ne constitue pas une contravention de grande voirie[1].

Mais c'est surtout au sujet des amendes édictées par la législation en vigueur que les critiques se multiplient[2] : on constate trop souvent une

1. « Cette matière est presque exclusivement régie par des textes anciens, édits, arrêtés du Conseil, ordonnances. Je veux insister seulement sur le droit en matière de halage et de navigation sur les fleuves et canaux. L'insuffisance et la confusion des textes (ordonnance de 1669, arrêté du 24 juin 1777) ont souvent obligé les préfets à prendre des arrêtés (arrêté du préfet du Nord, 28 avril 1856), qui ont réglementé ces mêmes matières en reproduisant souvent les anciennes dispositions. Mais comme la violation des seuls règlements préfectoraux ne peut constituer une contravention de grande voirie, il faut rechercher dans ces arrêtés quelles sont les dispositions tirées des anciens textes dont la violation constitue une contravention de grande voirie et entraîne la compétence du conseil de préfecture, et quelles sont les dispositions qui leur sont propres, dont la violation entraîne la compétence des tribunaux de simple police. Cela donne lieu à de longues instances sur les tribunaux compétents et à une interprétation difficile des anciens textes, interprétation bien souvent voisine de l'arbitraire.

« Pour y mettre fin, il suffirait de soumettre au législateur ces règlements préfectoraux, qui sont des projets de loi tout étudiés au point de vue administratif. Dès que ces règlements seraient consacrés par une loi, les textes anciens pourraient être abrogés, puisque les règlements préfectoraux ont reproduit toutes leurs dispositions ayant encore quelque intérêt et qu'il ne leur a manqué jusqu'à ce jour que l'autorité de la loi pour répondre à tous les besoins et protéger efficacement le domaine public. » (Nord.)

2. Alpes-Maritimes, Ardèche, Dordogne, Ille-et-Vilaine, Lot-et-Garonne, Puy-de-Dôme, Sarthe, Deux-Sèvres, Var.

« Une nouvelle classification des amendes en cas de contraventions de grande voirie devrait être établie dans des conditions plus conformes à nos mœurs, les conseils étant obligés de les prononcer d'après des ordonnances de nos anciens rois. Il serait aussi à propos de supprimer les pénalités encourues en raison de certaines prescriptions édictées en matière de grande voirie et qui sont tombées presque en désuétude, telles que la défense faite à un propriétaire de tailler, sans autorisation, les arbres qui sont plantés sur un terrain riverain d'une route. » (Var.)

disproportion évidente entre le chiffre de l'amende et la gravité du fait constaté.

« Il serait équitable d'étendre encore en faveur des contrevenants les dispositions modératrices de la loi du 23 mars 1842, et de décider que le minimum des amendes à prononcer, au lieu d'être de 16, 25 et 50 fr., sera, comme en matière de contraventions à la police du roulage, de 5 fr. seulement[1], sans préjudice des dommages, réparations et dépens.

« Il arrive, d'après la législation en vigueur, qu'un simple dépôt de bois ou de pierres sur le bord d'une route est puni d'une amende de 25 fr., à laquelle viennent s'ajouter 6 fr. 25 c. de décimes et 4 fr. 95 c. de frais[2], soit en tout une somme de 36 fr. 20 c. que le contrevenant doit payer pour une infraction qui, si elle était commise dans une rue de ville, pourrait être punie par le tribunal de simple police seulement d'une amende de 1 fr., soit 6 fr. 20 c., en y comprenant les décimes et les frais[3]. Devant des pénalités aussi fortes, les agents hésitent fré-

---

1. « Le minimum des amendes, fixé par la loi du 23 mars 1842 à 25 et à 16 fr., selon les cas, est encore trop élevé par rapport au peu de gravité de certaines contraventions ; il conviendrait de l'abaisser et de fixer un seul taux pour les contraventions de toute nature. » (Alpes-Maritimes.)

« Ce minimum, dans certains cas, me semble trop élevé. » (Ardèche.)

« Les contraventions les plus nombreuses sont relevées par MM. les ingénieurs. Le service vicinal en constate plus rarement. Les unes et les autres ont d'ordinaire peu d'importance, et il est arrivé parfois au conseil de regretter de ne pouvoir abaisser l'amende qui ne lui paraît pas toujours proportionnée à la contravention. » Dordogne.)

« L'amende, même réduite au vingtième, est, dans la plupart des cas, disproportionnée à l'importance du délit, et il serait à désirer qu'une loi vînt donner aux conseils de préfecture une plus grande latitude dans l'abaissement des peines, ainsi que l'a fait la loi du 30 mai 1851, en ce qui touche la police du roulage. » (Puy-de-Dôme.)

« ... législation ... frappant des mêmes peines excessives des délits graves et des contraventions sans importance. » (Sarthe.)

« ... Il serait à désirer que les conseils de préfecture eussent la faculté de réduire cette amende à la dernière limite. Les contraventions sont en général très-minimes ; elles sont punies d'amendes très-fortes, dont le minimum ne peut pas descendre au-dessous de 15 ou de 25 fr. En réduisant, dans certains cas, l'amende à 1 franc, et en condamnant le contrevenant à la réparation du dommage causé, on établirait une juste proportion entre le délit et l'amende. » (Deux-Sèvres.)

2. « Il est à remarquer qu'au principal des amendes il faut ajouter deux décimes et demi et les frais de timbre et d'enregistrement. » (Alpes-Maritimes.)

3. « Dans quelques villes traversées par des routes nationales ou départementales, les délits constatés par les agents des ponts et chaussées, délits qui ne consistent parfois qu'en dépôts de balayures, entraînent pour les délinquants des condamnations à 16 fr. d'amende et aux frais, tandis que les mêmes délits,

quemment à dresser des procès-verbaux[1] et les contraventions restent impunies.

« La modification proposée, en laissant proportionner la peine à la faute, permettrait une surveillance plus utile et ne compromettrait en aucune manière les intérêts du domaine public, car, dans les cas d'une certaine gravité, les conseils de préfecture pourraient toujours prononcer une amende supérieure au minimum fixé[2]. »

Le jour où les conseils de préfecture pourraient appliquer des amendes aussi modérées que celles prononcées par les tribunaux de simple police, rien ne s'opposerait plus à ce qu'on leur confiât la répression complète des anticipations commises sur les chemins vicinaux. « La loi du 29 ventôse an XIII, fait observer le président du conseil de préfecture de la Seine, attribue compétence au conseil de préfecture pour réprimer certaines contraventions, et notamment toute anticipation sur la largeur des chemins vicinaux. Mais cette loi n'édicte aucune amende contre les contrevenants. Le conseil de préfecture se borne donc à constater le fait de la contravention et à le réprimer en ordonnant la restitution du sol usurpé. L'affaire est ensuite déférée au tribunal de simple police, qui prononce une amende par application d'une législation spéciale.

« Il est regrettable que le conseil de préfecture, juge du fond, ne puisse appliquer la pénalité, et que, dans l'espèce, l'administration soit obligée de saisir deux juridictions pour obtenir une répression complète. »

---

constatés par la police municipale dans les rues des mêmes localités, n'entraînent devant les tribunaux de simple police que des condamnations à 1 fr. d'amende. MM. les ingénieurs, trouvant ce chiffre de 16 fr. excessif, sont les premiers à proposer de réduire l'amende à 5 ou 6 fr. ; mais le conseil, lié par la loi, ne peut adopter leurs propositions. Les particuliers ont, il est vrai, le droit de réclamer la remise des amendes prononcées contre eux, mais des remises trop fréquemment accordées auraient pour résultat de diminuer l'autorité des employés des ponts et chaussées. » (Ardèche.)

1. « Il arrive souvent que des contraventions sont relevées pour des faits de peu d'importance. Les procès-verbaux sont transmis au préfet avec l'avis des ingénieurs, puis enregistrés au greffe. Dès lors, il ne reste plus au conseil qu'à statuer. Or, tout en reconnaissant l'exactitude du procès-verbal, MM. les ingénieurs concluent parfois à ce que le contrevenant soit renvoyé indemne. Le conseil de préfecture ne peut entrer dans cette voie absolument irrégulière. La contravention lui étant déférée, il lui faut, à son grand regret, prononcer la peine édictée et, réduite à son minimum, l'amende est encore relativement énorme. » (Ille-et-Vilaine.)

2. Lot-et-Garonne.

Contributions directes et taxes assimilées. — Nous empruntons au même rapport une observation qui s'applique à toutes les taxes assimilées comme aux quatre contributions directes : « Quand un contribuable est imposé, dans deux départements, à deux taxes formant entre elles double emploi, il arrive fréquemment qu'il réclame la décharge de celle des deux taxes qui est dûment imposée. Dans ce cas, lorsque le rejet de sa demande lui révèle son erreur, il ne peut plus réclamer utilement dans le département où il a été imposé à tort : le délai de trois mois à dater de la publication du rôle est dépassé et la requête, bien que fondée en droit, devrait être écartée par la déchéance.

« Il serait équitable qu'un nouveau délai de trois mois courût, dans le département où le contribuable avait originairement le droit de réclamer, à partir de la notification de la décision de rejet rendue dans l'autre département[1]. »

En ce qui touche la taxe foncière, le vice-président de Loir-et-Cher demande que l'on détermine l'autorité compétente pour déclarer si les propriétaires ont ou non rempli les conditions nécessaires pour bénéficier des avantages accordés, dans certains cas, par la loi du 3 frimaire an VII[2], et le président du conseil de préfecture de la Seine propose de régler par des dispositions législatives complémentaires l'impôt afférent aux chantiers[3] et aux cours et jardins des propriétés

---

1. Rapport du président du conseil de préfecture de la Seine.

2. Art. 111 à 123. — « Il importerait de bien déterminer les questions de compétence souvent difficiles à apprécier pour un tribunal d'exception. Ainsi, par exemple, la loi du 3 frimaire an VII accorde pour les dessèchements de marais, la mise en culture de terres vaines et vagues depuis quinze ans, les semis ou plantations de bois forestiers, etc., divers avantages en ce qui concerne la contribution foncière, sous la condition expresse de remplir diverses formalités.

« Mais, dans ces cas, quelle est l'autorité qui est chargée du pouvoir de déclarer si les propriétaires ont ou n'ont pas le droit de jouir de ces avantages ?

« La loi du 3 frimaire désigne à cet effet *les administrations municipales*.

« Pendant longtemps, ainsi que l'établit une circulaire préfectorale du 17 mars 1829, le sous-préfet de l'arrondissement a été substitué aux administrations municipales, et certains auteurs semblent reconnaître que cette substitution est conforme à l'esprit de la loi. Toutefois, le conseil de préfecture a cru devoir modifier tout récemment cette procédure, en s'attribuant une compétence qui, du reste, avait été pressentie par M. le directeur général des contributions directes. Dans tous les cas, cette compétence, toute récente pour le département, devrait être rendue plus uniforme par la révision de la législation de l'an VII. » (Loir-et-Cher.)

3. « Aux termes d'une décision ministérielle du 24 mars 1831, passée à l'état de jurisprudence, les terrains non bâtis qui servent à déposer des matériaux (pierres, bois, etc.) reçoivent une évaluation cadastrale basée sur leur valeur locative *industrielle*, ce qui les assimile à des propriétés bâties. Cette disposition, équitable

bâties[1]. Il rappelle en même temps les transformations opérées depuis le commencement du siècle dans l'industrie et conclut à ce que la loi étende aux usines le bénéfice de l'article 10 de la loi du 4 germinal an XI, qui exempte les manufactures de la taxe des portes et fenêtres[2]. Il réclame encore, avec la révision du tarif général des patentes, la faculté pour l'acquéreur d'un établissement commercial ou industriel de requérir, aussi bien que le vendeur, le transfert de la taxe de patente : la loi du 15 juillet 1880 est venue depuis réaliser ces deux réformes. Enfin, il estime que la législation devrait consacrer le caractère d'impôt locatif attribué, à Paris, par la pratique à la contribution mobilière[3].

en elle-même, mais illégale, puisqu'elle crée une troisième catégorie de propriétés alors que la loi n'en reconnaît que deux, — les propriétés bâties et les propriétés non bâties, — devrait être régularisée par un article de loi. »

1. « A Paris, les dispositions de la loi du 15 septembre 1807 ne sont pas appliquées, c'est-à-dire qu'il n'existe pas de cadastre parcellaire. Les répartiteurs sont donc obligés, lorsqu'ils ont à calculer la taxe d'une propriété bâtie, de considérer comme ne faisant qu'un le revenu cadastral du sol et celui des constructions. Cette manière d'établir l'impôt est sans inconvénient tant que le sol et les constructions appartiennent au même propriétaire. Mais lorsque le propriétaire du sol n'est pas le même que celui des constructions, les intéressés, à l'instigation des agents d'affaires, demandent au conseil de préfecture la ventilation de la taxe indivisément établie et la fixation de la quote-part d'impôt que chacun des propriétaires doit supporter. Cette ventilation n'est pas sans difficultés. On pourrait peut-être, à défaut de cadastre parcellaire, ne faire porter l'imposition que sur le propriétaire du sol bâti, en lui réservant un recours contre le propriétaire des constructions. »

2. « Les nouveaux procédés de fabrication ont complètement transformé le caractère des manufactures, telles que les entendait la loi du 4 germinal an XI. L'article 10 de cette loi exempte en effet les manufactures de la contribution des portes et fenêtres dans l'intérêt du grand nombre d'ouvriers qui y travaillent. Depuis lors, les procédés de l'industrie se sont transformés : aux ouvriers se sont ajoutées et parfois substituées en partie des machines à vapeur ; l'emploi de manipulations chimiques, souvent malsaines, a créé un état de choses qui ne pouvait être dans les prévisions du législateur de l'an XI. Se plaçant à un point de vue de fiscalité rigoureuse, l'administration a voulu imposer toutes les usines et n'a exempté que les rares manufactures qui n'ont pas été transformées.

« Il semble aujourd'hui que, pour se conformer aux intentions de la loi de l'an XI et sauvegarder la santé des ouvriers en ne leur mesurant pas le jour et l'air, on devrait étendre aux usines les dispositions qui s'appliquaient autrefois aux manufactures. »

3. « L'impôt mobilier à Paris est devenu peu à peu un impôt locatif. Il n'y aurait donc point d'inconvénient à consacrer par une disposition législative ce qui a été établi par la pratique journalière. Cette innovation aurait surtout l'avantage de supprimer les difficultés d'interprétation que présentent les affaires dans lesquelles les co-locataires d'un appartement réclament la ventilation de la taxe inscrite au nom d'un seul d'entre eux (locataire verbal ou titulaire d'un bail), en demandant à n'être imposés que pour leur quote-part de jouissance dans l'habitation commune. Il suffirait de déclarer que le titulaire d'un bail ou le locataire verbal d'un appartement est *seul* considéré comme *ayant la jouissance* de l'habitation louée, alors même qu'il l'occuperait en commun avec plusieurs autres personnes. »

Le vice-président de Vaucluse pense qu'il serait également nécessaire d'autoriser, pour cette contribution et pour la taxe des prestations, la mutation de cote qui existe pour les taxes foncière et des portes et fenêtres, et, sous le nom de transfert, pour la patente.

Les redevances proportionnelles sur les mines donnent lieu à l'application de l'article 56 de la loi du 16 septembre 1807, qui confie à l'ingénieur en chef les fonctions de tiers expert[1] : l'abrogation de cet article si généralement critiqué[2] serait bien accueillie des exploitants de mines.

« Aux termes de l'article 3 de la loi du 22 décembre 1879, modifiant l'article 6 de la loi du 23 juillet 1872, les voitures, chevaux, mules et mulets de selle ou d'attelage seront imposables, à partir du 1er janvier 1880, à la demi-taxe seulement lorsqu'ils seront employés *habituellement* pour le service de l'agriculture ou d'une profession patentée.

« Cette nouvelle législation est plus équitable que la précédente. D'après la loi du 23 juillet 1872, les contribuables, pour bénéficier de la demi-taxe, devaient employer leurs chevaux et voitures *exclusivement* à la culture de leurs terres ou à l'exercice de leur commerce ou industrie[3]. » Le vice-président de Lot-et-Garonne fait observer, « sans proposer d'ailleurs l'adoption d'une autre base d'assiette pour la contribution des chevaux et voitures », que l'appréciation des caractères qui distinguent l'emploi habituel de l'emploi accidentel présentera quelques difficultés jusqu'à ce qu'il se soit formé sur ce point une jurisprudence bien arrêtée.

Le président du conseil de préfecture de la Seine désirerait que l'on étendît le bénéfice de la demi-taxe aux omnibus des pensions et externats de Paris[4].

Il est d'avis que la révision « des règles relatives à l'assiette et au recouvrement des taxes de pavage réduirait aussitôt dans une proportion

1. Saône-et-Loire.

2. V. p. 100.

3. Lot-et-Garonne.

4. « Les pensions de Paris s'établissent aujourd'hui de préférence dans des quartiers excentriques, où l'air est meilleur et les loyers à bon marché. L'usage des voitures-omnibus, destinées à transporter les élèves qui habitent le centre de Paris, tend donc à se généraliser. Il semblerait équitable, pour favoriser ces établissements d'instruction publique, de déroger aux dispositions finales de l'article 6 de la loi du 23 juillet 1872, et de décider que ces voitures, bien que servant à l'exercice d'une profession rangée dans le tableau G annexé à la loi du 18 mai 1850, ne seront plus à l'avenir assujetties qu'au paiement d'un demi-droit. »

considérable » le nombre des réclamations. La taxe de premier pavage est en effet une de celles qui motivent le plus de réclamations. Tout contribue à la rendre impopulaire : la lourde charge qu'elle impose à ceux qu'elle atteint à l'improviste, l'obscurité et l'incohérence des textes qui la régissent, la difficulté de concilier entre elles les solutions de la jurisprudence. Il faut ajouter encore la presque impossibilité d'assimiler effectivement aux contributions directes une taxe qui n'est ni annuelle, ni périodique, mais qui est exigible une seule fois et recouvrable, non par douzièmes, mais en un seul versement[1].

Comme les taxes de pavage[2], les subventions pour dégradation des chemins vicinaux sont très-vivement discutées par les industriels à qui elles sont réclamées ; mais les observations auxquelles elles ont donné lieu de la part des vice-présidents méritent qu'on leur consacre un paragraphe spécial[3].

Subventions spéciales pour dégradations extraordinaires des chemins vicinaux. — Les réclamations contre ces taxes sont particulièrement nombreuses dans les départements de la Mayenne[4] et d'Ille-et-Vilaine. On ne songera point à s'en étonner lorsqu'on saura que, dans ce dernier département, « les états dressés vont jusqu'à porter sur des chiffres de 30 fr., 10 fr., 5 fr., 1 fr., même 65 cent. pour dégradations extraordinaires commises dans le cours des différentes exploitations. Ces réclamations ne sont d'ailleurs portées devant le conseil que sur

1. Sauf dans la banlieue annexée de Paris, où la taxe de premier pavage est acquittée en dix annuités.

2. La taxe de balayage, qui n'existe, croyons-nous, qu'à Paris, semblait devoir, elle aussi, donner naissance à des contestations multipliées. Les contribuables en contestèrent, au début, le principe, l'assiette et le tarif de perception; mais le nombre des réclamations dirigées contre cette taxe, qui était de 248 en 1874 et de 468 en 1875, est tombé à 40 en 1879.

3. Les droits de voirie perçus dans la ville de Paris sont seuls assimilés aux contributions (décret du 27 octobre 1808) et, comme tels, soumis à la juridiction du conseil de préfecture. Il serait peut-être à désirer que la compétence des tribunaux administratifs fût étendue aux droits de voirie perçus dans toutes les communes. Cette extension serait justifiée par le caractère administratif que présentent la plupart des questions soulevées par la perception de ces droits.

Le projet de loi sur les chemins ruraux appelle les conseils de préfecture à statuer sur les taxes établies par les associations syndicales formées pour l'ouverture, l'élargissement, la réparation et l'entretien de ces chemins, et sur les souscriptions volontaires relatives à ces chemins.

4. « Le département de la Mayenne renferme de nombreuses industries, carrières de marbre, de pierre calcaire, fours à chaux, mines d'anthracite, ainsi que des bois étendus en exploitation. »

le refus des industriels d'accepter les chiffres demandés. Comme conséquence de ce refus, deux experts doivent être désignés[1], et il arrive tous les jours, dans la pratique, que les frais d'expertise atteignent une somme de 60 à 80 fr., alors que celle en litige ne dépasse pas 10 fr.[2]. Suivant que le service vicinal ou les parties succombent, ces frais restent à la charge du département ou des particuliers.

« Il y a là un abus auquel il serait urgent de remédier, ce qui d'ailleurs est facile, en invitant l'administration vicinale à ne pas considérer comme dégradations extraordinaires toutes celles qui seraient inférieures au chiffre de 100 fr.

« En effet, lorsque le dommage causé n'atteint pas ce chiffre, il est logique de le considérer comme le résultat d'une exploitation et d'une usure ordinaire[3]. »

D'autre part, l'expertise rendue nécessaire par le désaccord des parties ne peut guère éclairer le conseil : nous savons déjà que les experts

---

1. « Il était admis autrefois dans le département que le préfet devrait intervenir pour la nomination des experts, en dehors de la participation du conseil de préfecture, qui restait seulement chargé de régler l'indemnité sur le rapport desdits experts.

« Malgré ces errements, le conseil de préfecture a décidé récemment qu'il lui appartenait de procéder à la nomination des experts. Toutefois, il convient de remarquer que les articles en question (art. 14 et 17 de la loi du 21 mai 1836) ne déterminent point très-nettement la compétence ; ils se bornent à indiquer que « si l'indemnité ne peut être fixée à l'amiable, elle sera réglée par le conseil de « préfecture, sur le rapport d'experts nommés, l'un par le sous-préfet, et l'autre « par le propriétaire. »

« Dans ces conditions, il appartiendrait, ce me semble, au législateur, lors de la révision prochaine de la loi sur les chemins vicinaux, d'établir, par une disposition catégorique, comme en matière de tierce expertise, la juridiction à laquelle doit incomber la nomination des experts et les conditions de l'expertise, en ce qui concerne les subventions industrielles et les dommages résultant des extractions de matériaux. » (Loir-et-Cher.)

2. « Ces expertises entraînent des frais considérables, souvent supérieurs à l'objet du litige. » (Mayenne.)

« Il se trouve alors que la partie qui succombe ultérieurement supporte fatalement les frais d'une expertise contradictoire, souvent très-supérieurs à la somme en litige. Et il n'est pas inutile de constater que cette charge disproportionnée aux intérêts en discussion grève la plupart du temps des individus ignorants ou négligents qui avaient cru, par leur silence même, acquiescer tacitement aux injonctions de l'administration. » (Saône-et-Loire.)

3. Ille-et-Vilaine. — « Et d'abord, outre qu'il peut sembler quelque peu arbitraire de taxer les dégradations causées par des charrois exécutés dans des conditions et à des époques très-diverses, sur des portions de voie de consistance très-variable, il paraît surtout bien difficile de fixer équitablement dans quelle proportion lesdits charrois ont excédé les droits *ordinaires* des industriels à l'usage du chemin. » (Saône-et-Loire.)

sont « les avocats des parties[1] et non les experts de la justice[2]. » En outre, lorsque l'expertise est ordonnée, « l'exploitation a cessé déjà depuis six mois, un an quelquefois, le dommage a été réparé, car il faut bien que la voie soit praticable, et alors il ne reste plus trace de l'usure extraordinaire... On n'a donc plus pour base de l'établissement des dégradations que la quantité et le poids des matières transportées, le nombre des voitures, la saison de l'exploitation, autant d'éléments auxquels on ajoute les dépenses faites en sus de l'entretien ordinaire[3]. Mais quel champ de difficultés, d'incertitudes, de jugements contraires ouvert aux experts[4] ! »

« En tous cas, les intérêts les plus légitimes des industriels appellent la réforme d'une législation dont l'administration tire d'ailleurs de si faibles profits qu'en Saône-et-Loire, par exemple, ces subventions extraordinaires n'ajoutent guère en moyenne plus de 6,000 ou 7,000 fr. à l'important budget des chemins vicinaux[5]. »

---

1. « La mission si délicate et si difficile de l'expertise contradictoire est toujours confiée par le service vicinal à l'agent voyer dont le rapport même sert de base aux revendications exercées contre l'industriel. On sent dès lors combien il est peu probable que l'agent devenu expert revienne sur son premier avis : il se trouve forcément lié à ses chiffres primitifs, car y consentir une modification, ce serait confesser que son travail n'a pas été établi avec la conscience et le soin qu'il doit à l'administration. Dans ces conditions, l'accord des deux experts est peu probable et le conseil de préfecture se voit souvent dans l'obligation ou de trancher lui-même la différence de leurs appréciations, ou d'ordonner une tierce expertise qui aggrave encore les frais déjà excessifs de l'instance. » (Saône-et-Loire.)

2. Mayenne.

3. Aisne. — « En matière de subventions industrielles, le conseil, en ordonnant l'expertise, doit prescrire la visite des lieux et la constatation des dégradations commises. Cette visite des lieux est toujours inutile et cette constatation toujours impossible, les chemins étant quotidiennement entretenus et les dégradations réparées au fur et à mesure qu'elles se produisent. Les experts, pour calculer la subvention à appliquer, ne peuvent s'appuyer que sur une présomption d'après laquelle à tant de tonnes transportées correspond telle usure.

« Outre que cette présomption n'est établie par aucun texte de loi formel, n'y aurait-il pas lieu de réglementer d'une façon générale l'imposition des subventions spéciales, imposition qui devient chaque jour plus importante, en déterminant d'abord les entreprises industrielles et la nature des transports qui, conformément à l'article 14 de la loi du 21 mai 1836, peuvent donner lieu à l'application de subventions spéciales et aussi en précisant le mode de procéder que devront suivre les experts, pour leur évaluation, au cas où toute constatation matérielle serait devenue impossible. » (Somme.)

4. Jura. — « ... Ne serait-il pas désirable qu'un projet de réforme de l'article 14 de la législation vicinale fût mis à l'étude et qu'un article nouveau vint déterminer, dans des termes concluants et formels, les éléments sur lesquels doivent porter les expertises de cette nature qui intéressent de si près les finances départementales? » (Jura.)

5. « Des modifications devraient certainement y être apportées (à la procédure in-

Ces critiques, qui embrassent la forme et le fond, c'est-à-dire le principe et l'assiette de la taxe en même temps que la procédure à laquelle elle donne lieu, expliquent comment on a pu aller jusqu'à proposer la suppression pure et simple des subventions extraordinaires[1].

Contributions indirectes. — Le vice-président de la Loire-Inférieure propose une réforme importante : « elle consisterait à enlever le contentieux des contributions indirectes aux tribunaux ordinaires pour l'attribuer aux tribunaux administratifs. »

Les magistrats de l'ordre judiciaire appliquent à des questions administratives les principes du droit civil et la plupart de leurs jugements sont réformés par la Cour de cassation. Cet état de choses est de nature à porter atteinte à l'autorité de leurs décisions et il a de plus l'inconvénient de priver l'État de revenus que le législateur lui a donné le droit de percevoir[2]. Les avantages de la procédure rapide et écono-

---

diquée par la loi de 1836), surtout pour une constatation plus exacte et plus scientifique des dégradations causées aux chemins par les transports des industriels et une plus juste fixation de la taxe due par eux à ce sujet. » (Mayenne.)

« En résumé, la procédure relative aux subventions industrielles soulève journellement les critiques les mieux fondées, et le plus sage serait peut-être de la ramener simplement aux règles normales des contributions directes. » (Saône-et-Loire.)

1. La *Revue* a publié (1878, tome II, p. 234) un article très-étudié de M. Laneyrie, avocat au Conseil d'État, qui conclut à l'abrogation de l'article 14 de la loi du 21 mai 1836, c'est-à-dire à la suppression des subventions spéciales. Déjà, M. Hallays-Dabot avait déclaré (*Recueil des arrêts du Conseil d'État*, 1870, p. 2 et suiv.) qu'il verrait disparaître sans regret cette disposition de loi, aussitôt que les circonstances le permettraient. Enfin un article du *Journal des conseillers municipaux*, dirigé par M. Souviron, chef de division à la préfecture de la Seine (numéro de janvier 1880, p. 20), conclut, au moins en principe, dans le même sens.

On peut donc regretter que le projet de loi sur les chemins ruraux adopté par le Sénat et soumis à la Chambre des députés ait étendu à ces chemins les dispositions de la loi du 21 mai 1836, relatives aux subventions spéciales.

2. « Les auteurs, après le législateur, pour justifier la loi de l'an XII qui place le contentieux dans les attributions de l'autorité judiciaire, ont pris l'habitude, sans autrement discuter, de dire « qu'il ne s'agit là, en effet, dans les débats entre « l'administration et les particuliers, que d'appliquer purement et simplement « des tarifs arrêtés par le législateur lui-même ».

« Or, ces raisons, qui s'appliqueraient également et avec plus de force peut-être au contentieux des contributions directes confié aux conseils de préfecture, n'expliquent ni ne justifient cette loi d'exception du 5 ventôse an XII.

« Dans l'application des tarifs pour les contributions indirectes, comme dans l'application des tarifs pour les contributions directes, la situation du juge est au fond absolument la même....... Les principes du droit civil, qui servent aux magistrats de l'ordre judiciaire à interpréter les lois qu'ils appliquent tous les jours, sont absolument différents des principes du droit public qui servent à interpréter les lois administratives.

« C'est ce qui explique sans doute que les *neuf dixièmes* (le chiffre est vérifié

mique des conseils de préfecture feraient facilement accepter aux contribuables un changement de juridiction[1].

Élections. — Le conseil de préfecture de l'Eure a décidé « que l'élection, comme adjoint, d'un maire destitué n'est pas valable, si cette élection a lieu pendant l'année qui suit sa destitution. Le législateur, n'ayant point établi de distinction entre le maire et son auxiliaire, l'adjoint, a entendu frapper de la même incapacité les magistrats appelés à représenter dans la commune le pouvoir exécutif. » L'article 9 de la loi du 14 avril 1871 porte simplement : « les maires destitués ne seront pas rééligibles pendant une année. » Il suffirait, pour faire cesser toute incertitude sur ce point, de compléter ainsi cet article : « les maires et adjoints destitués. »

La loi est également muette sur la question de savoir si, pour être éligible au conseil municipal, il faut payer pour son propre compte une des quatre contributions directes ou s'il suffit de payer pour le compte d'une personne dont on est le représentant légal. Le conseil de préfecture de l'Eure a résolu cette question « dans le sens le plus libéral[2] ».

Le même rapport fait ressortir l'anomalie qui résulte « de la comparaison des lois des 10 août 1871 et 31 juillet 1875 avec celle du 22 juin 1833, la loi du 31 juillet 1875 attribuant au Conseil d'État la connaissance des réclamations formées contre les élections des conseils généraux, tandis qu'aux termes de la loi du 22 juin 1833 les réclamations contre les élections des conseils d'arrondissement sont soumises aux conseils de préfecture[3].

---

exact) de leurs décisions en matière de contributions indirectes déférées à la Cour de cassation sont réformées par elle.

« A l'appui de mon appréciation, en droit, sur cette grave question de compétence, je suis en mesure, au point de vue de l'intérêt du Trésor, qui a bien aussi sa raison d'être, d'invoquer les témoignages des agents les plus autorisés du contrôle, desquels il résulte que la jurisprudence civile appliquée au contentieux en matière de contributions indirectes, fait perdre à l'État un grand nombre de millions chaque année. Le relevé fait pour le seul département de la Loire-Inférieure accuse une perte de plusieurs centaines de mille francs depuis moins de deux ans. » (Loire-Inférieure.)

1. Nous avons vu M. Georges Picot (V. p. 80, note 1) s'étonner que les contributions directes et les contributions indirectes ne fussent pas attribuées à la même juridiction.

2. La jurisprudence du Conseil d'État est aujourd'hui fixée sur ces deux questions, et l'interprétation législative demandée par le vice-président du conseil de préfecture de l'Eure ne nous paraît pas indispensable.

3. « La loi de 1871 avait donné aux conseils généraux le droit de vérifier les pouvoirs de leurs membres et exclu tout recours contre leurs décisions.

« Aujourd'hui, c'est le Conseil d'État qui statue directement sur les réclamations.

Enfin, les élections aux conseils de prud'hommes ont provoqué de la part du président du conseil de préfecture de la Seine une proposition qui présente un sérieux intérêt : « L'article 15 de la loi du 22 juin 1854 décide qu'aucun ouvrier soumis à l'obligation du livret ne doit être inscrit sur les listes électorales des conseils de prud'hommes, s'il n'est en effet porteur d'un livret. Les livrets ayant cessé d'être en usage dans la plupart des industries, la disposition précitée, que les conseils de préfecture sont dans l'obligation d'appliquer rigoureusement, devrait être définitivement abrogée. »

Établissements insalubres. — Le vice-président de Vaucluse voudrait voir réglementer d'une manière plus précise la compétence du conseil en matière d'établissements insalubres, et celui de la Seine-Inférieure critique l'avis préalable donné par le conseil de préfecture dans le cas prévu par l'article 4 du décret du 15 octobre 1810[1].

D'un autre côté, les règles tracées par la loi de 1833 sont restées applicables aux élections des membres des conseils d'arrondissement.

« Il est permis, je crois, de s'étonner surtout du système consacré par le législateur de 1875 ; celui-ci, en effet, n'hésite pas à supprimer le premier degré de juridiction et prive ainsi électeurs et éligibles des garanties que pouvait offrir l'examen des premiers juges, dont la décision, en définitive, demeurait soumise à l'approbation souveraine du Conseil d'État. » (Eure.)

Nous avons dit déjà que, dans le département de la Seine, la connaissance des contestations relatives aux élections au conseil général n'a pas cessé d'appartenir au conseil de préfecture. Cette dérogation à la loi commune s'explique par ce fait que le conseil général de la Seine se compose des 80 membres du conseil municipal de Paris, auxquels s'ajoutent huit membres pour les arrondissements de Sceaux et de Saint-Denis.

1. « Au nombre des formalités exigées par le décret du 15 octobre 1810, art. 4, pour obtenir de l'autorité compétente l'autorisation de créer un établissement de 1re classe, se trouve l'avis du conseil de préfecture, nécessaire seulement dans le cas où des oppositions ont été formées, soit pendant le délai de l'affichage, soit au cours des enquêtes.

« Au cas où l'arrêté préfectoral porte autorisation, les opposants peuvent attaquer cet arrêté pour en demander la réformation.

« Dans l'état actuel de la législation, ils doivent saisir le conseil de préfecture, qui a déjà été appelé à donner son avis, conformément à l'article 4 du décret de 1810, précité.

« Il y a là une anomalie qui peut être, dans certains cas, fort gênante. Dans cette situation, on se demande si, pour laisser entier l'examen des affaires de cette nature, en cas d'opposition soulevée par la voie contentieuse, il ne serait pas préférable de supprimer la formalité de l'avis exigé du conseil préalablement à l'autorisation préfectorale. » (Seine-Inférieure.)

On peut objecter toutefois que le conseil de préfecture, après avoir donné un avis préalable, n'est pas plus lié pour statuer ensuite au contentieux, qu'il ne le serait, après un arrêté par défaut, pour rendre sur opposition un arrêté contradictoire.

En cette matière, d'ailleurs, la législation tout entière est à créer[1].

Travaux publics et chemins vicinaux. — La législation sur les travaux publics et les chemins vicinaux n'a pas provoqué d'autres observations que celles que nous avons rapportées en parlant de la procédure, des contraventions et des subventions spéciales.

Deux rapports seulement font allusion, l'un aux occupations temporaires, l'autre aux associations syndicales[2].

« Le ramassage des cailloux a, dans le département de la Somme, une assez grande importance au point de vue de l'entretien facile et économique des chemins. Il est à souhaiter que, dans le projet de loi sur les chemins vicinaux qui est en ce moment, croyons-nous, soumis aux Chambres, une disposition distingue le droit de ramassage de cailloux de l'occupation temporaire et prescrive, pour l'exercer, des formalités plus simples dans l'application[3]. »

« La loi de 1865 concernant les associations syndicales est muette sur bien des points et le département de Vaucluse, couvert de syndicats, en attend avec impatience la révision[4]. »

Parvenu au terme de cette longue étude, nous conclurons en quelques mots.

Nous croyons avoir montré toute l'importance des services rendus par les conseils de préfecture, malgré des difficultés de fonctionnement qui tiennent surtout aux imperfections de leur organisation, aux conditions de leur recrutement, aux lacunes de leur procédure.

On peut espérer que ces services seront plus considérables encore lorsque le législateur aura réalisé quelques-unes des réformes que nous avons énumérées. Ces réformes ne présentent pas toutes la même urgence, ne sont pas toutes également nécessaires ; quelques-unes même

1. La loi du 13 avril 1850 sur les logements insalubres pourrait aussi être revisée sur certains points. (V. G. Jourdan, *Législation sur les logements insalubres*, 2e édition, *passim*.)

2. Le projet de loi sur les chemins ruraux confie aux conseils de préfecture la connaissance : 1° des contestations relatives à la constitution des associations syndicales formées pour l'ouverture, l'élargissement, la réparation et l'entretien des chemins ruraux; 2° des demandes en indemnité pour extractions de matériaux ou occupations temporaires faites en vue de ces chemins.

Le projet de loi élaboré par la commission supérieure pour l'aménagement et l'utilisation des eaux, donne également diverses attributions nouvelles aux conseils de préfecture.

3. Somme.

4. Vaucluse.

paraîtront peut-être discutables. Nous avons dû nous borner à poser les questions d'après les témoignages les plus autorisés ; il ne nous appartient pas d'en indiquer la solution.

Pour la préparer, il faudra sans doute formuler un programme et en confier l'examen à une commission administrative nommée par M. le ministre de l'intérieur[1]. Cette commission, s'aidant des travaux de MM. Boulatignier, Dieu, Aucoc, Bourgois, Lavallée et des rapports que nous avons essayé d'analyser, élaborerait un projet de loi libéralement conçu, discuté point par point, rédigé avec précision, et que le Parlement ne manquerait pas de sanctionner. On ne contesterait plus alors que les conseils de préfecture ne soient une véritable magistrature[2].

Sévèrement choisis, honorablement rétribués, trouvant enfin dans leurs fonctions, non plus une situation transitoire, mais une véritable carrière, aussi éclairés, aussi impartiaux que les juges ordinaires, possédant en plus les connaissances spéciales qu'exigerait la spécialité de leurs attributions, les juges administratifs n'auraient plus rien à envier à leurs collègues de l'ordre judiciaire.

Nous pensons même que les conseils de préfecture, ainsi transformés, pourraient fournir des arguments et des exemples à ceux que ne satisfait point l'organisation judiciaire et qui rêvent de rendre l'instruction criminelle plus complète et plus sûre, la procédure civile plus simple, plus expéditive et moins coûteuse, en un mot, la justice accessible à tous.

---

1. « Qu'il me soit permis, en terminant, d'émettre le vœu que le Gouvernement veuille bien demander l'avis des conseils de préfecture sur les projets de réforme qu'il aurait l'intention de soumettre aux pouvoirs législatifs. » (Alpes-Maritimes.)

« Quant à la meilleure manière, Monsieur le Ministre, de vous renseigner, non-seulement sur ces divers points, mais encore sur toutes les questions relatives aux conseils de préfecture, je crois que ce serait la création d'une commission composée d'un certain nombre de conseillers. Une douzaine de vice-présidents pourraient... vous présenter un rapport d'ensemble et vous préparer un projet sur les différentes modifications à introduire dans la législation de ces tribunaux administratifs. » (Nièvre.)

« Une nouvelle lecture de ce projet (le projet de loi préparé par M. Aucoc) m'a amené à penser qu'une commission composée de quelques vice-présidents des conseils de préfecture pourrait, avant qu'il soit de nouveau soumis au Conseil d'État, l'améliorer et le compléter. » (Seine-et-Marne.)

2. «... C'est faire injure au droit administratif que de lui dénier l'honneur d'avoir de vrais magistrats pour interprètes. » (Georges Picot, *la Réforme judiciaire en France*, p. 342.)

ÉTATS STATISTIQUES

État A. — Tableau résumant, par nature d'affaires, les travaux des conseils de préfecture pendant l'année 1877.

État B. — État statistique des affaires jugées par chacun des conseils de préfecture pendant l'année 1877.

État C. — Tableau résumant, par nature d'affaires, les travaux des conseils de préfecture pendant l'année 1878.

État D. — État statistique des affaires jugées par chacun des conseils de préfecture pendant l'année 1878.

État E. — Tableau résumant, par nature d'affaires, les travaux des conseils de préfecture pendant l'année 1879.

État F. — État statistique des affaires jugées par chacun des conseils de préfecture pendant l'année 1879.

État G. — Résumé statistique des travaux des conseils de préfecture de 1865 à 1879.

ÉTAT A. — *Tableau résumant, par nature d'affaires, les travaux des conseils de préfecture pendant l'année* 1877.

NATURE DES AFFAIRES.	AFFAIRES en instance au 1er janvier 1877.	AFFAIRES introduites pendant le cours de l'année.	TOTAUX des colonnes 2 et 3.	AFFAIRES jugées pendant l'année.	AFFAIRES jugées sans observations orales.	AFFAIRES JUGÉES après observations présentées : par les parties.	AFFAIRES JUGÉES après observations présentées : par mandataires.	DÉCISIONS. Admissions : totales.	DÉCISIONS. Admissions : partielles.	DÉCISIONS. Rejets.	DÉSISTEMENTS.	AFFAIRES restant à juger au 31 décembre 1877.
1	2	3	4	5	6	7	8	9	10	11	12	13
1re PARTIE. — Affaires contentieuses.												
1re SECTION.												
AFFAIRES JUGÉES EN SÉANCE PUBLIQUE.												
1° *Contributions directes.*												
Contributions directes proprement dites . .	10,527	187,118	197,655	188,775	184,765	3,000	1,010	101,988	40,392	45,356	1,039	8,880
Taxes diverses assimilées aux contributions directes et perçues au profit de l'État, des départements ou des communes	4,993	141,442	146,435	142,605	140,024	1,659	922	97,428	24,856	19,970	357	3,830
Taxes spéciales destinées à la confection et à l'entretien des travaux d'intérêt commun, perçues au profit d'associations.	262	836	1,098	817	391	215	208	279	135	390	13	281
État des cotes indûment imposées (formant un total de 110,944 cotes).	37	16,386	16,423	16,336	16,329	7	»	11,835	2,993	1,508	»	87
Total du paragraphe 1er. . .	15,829	345,782	361,611	348,533	344,512	4,881	2,140	211,530	68,370	67,224	1,409	13,078
2° *Travaux publics.*												
Contestations relatives à l'interprétation et à l'exécution des clauses des marchés. . .	479	712	1,191	678	163	166	349	238	251	105	81	513
Réclamations pour dommages.	819	1,614	2,433	1,370	278	223	869	334	772	137	127	1,063
Total du paragraphe 2. . .	1,298	2,326	3,624	2,048	441	389	1,218	572	1,026	242	208	1,576
3° *Affaires communales.*												
Biens communaux. (Ventes, partages, usurpations).	28	148	176	147	60	31	56	91	16	34	6	29
Autres contestations d'intérêt communal. .	133	350	483	330	150	67	113	116	115	77	22	153
Total du paragraphe 3. . .	161	498	659	477	210	98	169	207	131	111	28	182

NATURE DES AFFAIRES.	AFFAIRES en instance au 1er janvier 1877.	AFFAIRES introduites pendant le cours de l'année.	TOTAUX des colonnes 2 et 3.	AFFAIRES jugées pendant l'année.	AFFAIRES jugées sans observations orales.	AFFAIRES JUGÉES après observations présentées par les parties.	AFFAIRES JUGÉES après observations présentées par mandataires.	DÉCISIONS. Admissions totales.	DÉCISIONS. Admissions partielles.	DÉCISIONS. Rejets.	DÉSISTEMENTS.	AFFAIRES restant à juger au 31 décembre 1877.
1	2	3	4	5	6	7	8	9	10	11	12	13
4° *Élections*.												
Élections départementales	»	123	123	121	49	27	45	41	1	74	5	2
Élections communales	3	79	82	82	42	20	20	37	8	30	7	»
Élections de maires et adjoints	7	33	40	40	23	8	9	24	1	13	2	»
Élections de délégués pour les élections sénatoriales	»	11	11	11	»	1	10	5	»	6	»	»
Total du paragraphe 4.	10	246	256	254	114	56	84	107	10	123	14	2
5° Contraventions	569	3,749	4,318	3,688	2,860	556	272	2,156	969	438	125	630
6° Affaires diverses	206	730	936	680	415	147	118	353	143	129	55	256
Total de la 1re section (§§ 1 à 6)	18,073	353,331	371,404	355,680	345,552	6,127	4,001	214,925	70,649	68,267	1,839	15,724
IIe SECTION. AFFAIRES NON PORTÉES EN SÉANCE PUBLIQUE.												
§ unique. — Comptabilité. Comptes de l'exercice 1876.	110	49,706	49,816	18,803	18,803	»	»	15,296	3,499	8	»	31,013
§ unique. — Comptabilité. Comptes des exercices antérieurs	32,710	9,028	41,738	38,673	38,675	14	4	30,998	7,656	17	2	3,065
Total de la 2e section	32,820	58,734	91,554	57,476	57,458	14	4	46,294	11,155	25	2	34,078
Total des affaires contentieuses (1re et 2e sec.)	50,893	412,065	462,958	413,156	403,010	6,141	4,005	261,219	81,804	68,292	1,841	49,802
					413,156			413,156				
IIe PARTIE. — Affaires non contentieuses.												
Ire SECTION.					ACCORDÉES.	REFUSÉES.						
Autorisations de plaider	333	3,653	3,986	3,608	3,238	228					142	378
IIe SECTION.												
Décisions et avis divers des conseils de préfecture en matière non contentieuse	103	28,044	28,147	28,075								72
Total des affaires non contentieuses	436	31,697	32,133	31,683								450
Total général	51,329	443,762	495,091	444,839								50,252

ÉTAT B. — *État statistique des affaires jugées par chacun des conseils de préfecture, pendant l'année* 1877.

DÉPARTEMENTS.	AFFAIRES contentieuses jugées en séance publique.	AFFAIRES contentieuses non jugées en séance publique.	AFFAIRES non contentieuses.	TOTAL des affaires.
Ain	2,714	855	194	3,763
Aisne	8,958	1,413	608	10,979
Allier	2,763	338	392	3,493
Alpes (Basses-)	2,066	684	114	2,864
Alpes (Hautes-)	1,580	97	34	1,711
Alpes-Maritimes	2,201	312	904	3,417
Ardèche	3,442	301	139	3,882
Ardennes	4,533	616	264	5,413
Ariége	3,530	528	273	4,331
Aube	3,423	728	139	4,290
Aude	3,663	674	358	4,695
Aveyron	4,479	583	203	5,265
Bouches-du-Rhône	4,000	312	546	4,858
Calvados	4,429	1,144	382	5,955
Cantal	2,119	461	65	2,645
Charente	5,136	352	383	5,871
Charente-Inférieure	7,469	734	143	8,346
Cher	3,033	297	289	3,619
Corrèze	3,029	126	78	3,233
Corse	2,648	506	174	3,328
Côte-d'Or	3,055	1,028	860	4,943
Côtes-du-Nord	2,988	414	370	3,772
Creuse	2,078	387	238	2,703
Dordogne	5,600	891	228	6,719
Doubs	3,243	1,259	395	4,897
Drôme	3,679	607	254	4,540
Eure	4,274	711	275	5,260
Eure-et-Loir	2,475	675	394	3,544
Finistère	2,583	688	166	3,437
Gard	4,489	776	224	5,489
Garonne (Haute-)	5,287	987	360	6,634
Gers	2,354	742	125	3,221
Gironde	6,859	807	420	8,086
Hérault	5,837	432	393	6,662
Ille-et-Vilaine	3,453	721	301	4,475
Indre	2,607	299	152	3,058
Indre-et-Loire	2,846	244	30	3,120
Isère	3,219	961	384	4,564
Jura	3,598	758	685	5,041
Landes	3,149	936	148	4,233
Loir-et-Cher	3,352	917	124	4,393

DÉPARTEMENTS.	AFFAIRES contentieuses jugées en séance publique.	AFFAIRES contentieuses non jugées en séance publique.	AFFAIRES non contentieuses.	TOTAL des affaires.
Loire	4,720	264	130	5,114
Loire (Haute-)	2,848	28	192	3,068
Loire-Inférieure	3,590	456	508	4,554
Loiret	3,039	591	124	3,754
Lot	2,646	129	50	2,825
Lot-et-Garonne	5,165	736	214	6,115
Lozère	1,085	333	172	1,590
Maine-et-Loire	2,460	556	161	3,177
Manche	6,390	1,105	475	7,970
Marne	5,303	1,078	858	7,239
Marne (Haute-)	4,388	1,383	210	5,981
Mayenne	2,193	445	145	2,783
Meurthe-et-Moselle	4,959	888	380	6,227
Meuse	3,086	751	347	4,184
Morbihan	2,600	292	143	3,035
Nièvre	3,918	325	398	4,641
Nord	7,982	1,841	846	10,669
Oise	5,562	1,132	224	6,918
Orne	4,278	700	243	5,221
Pas-de-Calais	7,625	1,762	354	9,741
Puy-de-Dôme	4,388	716	187	5,291
Pyrénées (Basses-)	3,992	1,102	372	5,466
Pyrénées (Hautes-)	3,386	596	78	4,060
Pyrénées-Orientales	2,184	262	218	2,664
Rhin (Haut-) [partie française]	789	77	45	911
Rhône	9,071	446	511	10,028
Saône (Haute-)	3,394	823	524	4,741
Saône-et-Loire	7,374	913	506	8,793
Sarthe	5,036	663	269	5,968
Savoie	3,256	774	348	4,378
Savoie (Haute-)	2,698	589	310	3,597
Seine	15,318	119	5,616	21,053
Seine-Inférieure	6,233	1,491	541	8,265
Seine-et-Marne	5,056	941	419	6,416
Seine-et-Oise	6,656	1,124	636	8,416
Sèvres (Deux-)	1,824	430	141	2,395
Somme	6,701	1,591	404	8,696
Tarn	3,636	518	224	4,378
Tarn-et-Garonne	3,032	21	88	3,141
Var	3,018	277	169	3,464
Vaucluse	3,283	388	106	3,777
Vendée	3,603	454	224	4,281
Vienne	3,477	308	157	3,942
Vienne (Haute-)	2,954	343	189	3,486
Vosges	4,595	865	568	6,028
Yonne	4,649	549	451	5,649
Totaux	355,680	57,746	31,683	444,839

ÉTAT C. — *Tableau résumant, par nature d'affaires, les travaux des conseils de préfecture pendant l'année 1878.*

NATURE DES AFFAIRES.	AFFAIRES en instance au 1er janvier 1878.	AFFAIRES introduites pendant le cours de l'année.	TOTAUX des colonnes 2 et 3.	AFFAIRES jugées pendant l'année.	AFFAIRES jugées sans observations orales.	AFFAIRES JUGÉES après observations présentées par les parties.	AFFAIRES JUGÉES après observations présentées par mandataires.	DÉCISIONS. Admissions totales.	DÉCISIONS. Admissions partielles.	DÉCISIONS. Rejets.	DÉSISTEMENTS.	AFFAIRES restant à juger au 31 décembre 1878.
1	2	3	4	5	6	7	8	9	10	11	12	13
1re PARTIE. — Affaires contentieuses.												
1re SECTION.												
AFFAIRES JUGÉES EN SÉANCE PUBLIQUE.												
1° *Contributions directes.*												
Contributions directes proprement dites . .	8,880	187,002	195,882	185,803	182,024	2,620	1,159	101,782	39,518	43,230	1,273	10,079
Taxes diverses assimilées aux contributions directes et perçues au profit de l'État, des départements ou des communes	3,830	141,096	144,926	139,309	137,142	1,419	748	96,379	22,794	19,753	383	5,617
Taxes spéciales destinées à la confection et à l'entretien des travaux d'intérêt commun, perçues au profit d'associations.	281	756	1,037	723	278	124	321	381	158	168	16	314
État des cotes indûment imposées (formant un total de 107,889 cotes)	87	15,129	15,216	15,146	15,146	»	»	11,044	2,845	1,250	7	70
Total du paragraphe 1er. . .	13,078	343,983	357,061	340,981	334,590	4,163	2,228	209,586	65,315	64,401	1,679	16,080
2° *Travaux publics.*												
Contestations relatives à l'interprétation et à l'exécution des clauses des marchés. . .	513	817	1,330	693	159	159	375	236	280	100	77	637
Réclamations pour dommages	1,063	1,603	2,666	1,427	513	214	700	430	610	204	183	1,239
Total du paragraphe 2. . .	1,576	2,420	3,996	2,120	672	373	1,075	666	890	304	260	1,876
3° *Affaires communales.*												
Biens communaux. (Ventes, partages, usurpations).	29	190	219	189	101	31	57	104	12	68	5	30
Autres contestations d'intérêt communal. .	153	372	525	418	182	108	128	150	132	82	54	107
Total du paragraphe 3. . .	182	562	744	607	283	139	185	254	144	150	59	137

NATURE DES AFFAIRES.	AFFAIRES en instance au 1er janvier 1878.	AFFAIRES introduites pendant le cours de l'année.	TOTAUX des colonnes 2 et 3.	AFFAIRES jugées pendant l'année.	AFFAIRES jugées sans observations orales.	AFFAIRES JUGÉES après observations présentées par les parties.	AFFAIRES JUGÉES après observations présentées par mandataires.	DÉCISIONS. Admissions totales.	DÉCISIONS. Admissions partielles.	DÉCISIONS. Rejets.	DÉSISTEMENTS.	AFFAIRES restant à juger au 31 décembre 1878.
1	2	3	4	5	6	7	8	9	10	11	12	13
4° Élections.												
Élections départementales	2	58	60	60	32	20	8	16	2	40	2	»
Élections communales	»	5,717	5,717	5,709	2,498	1,701	1,510	2,134	459	2,917	199	8
Élections de maires et adjoints	»	571	571	570	269	184	117	274	22	254	20	1
Élections de délégués pour les élections sénatoriales	»	237	237	237	127	47	63	109	15	106	7	»
Total du paragraphe 4	2	6,583	6,585	6,576	2,926	1,952	1,698	2,533	498	3,317	228	9
5° Contraventions	630	2,440	3,070	2,646	1,985	490	171	1,838	336	400	72	424
6° Affaires diverses	256	961	1,217	960	604	180	176	453	220	227	60	257
Total de la 1re section (§§ 1 à 6)	15,724	356,949	372,673	355,800	341,060	7,297	5,533	215,330	67,403	68,799	2,358	16,783
IIe SECTION. AFFAIRES NON PORTÉES EN SÉANCE PUBLIQUE.												
§ unique. — Comptabilité. Comptes de l'exercice 1877	142	50,719	50,861	20,264	20,248	10	6	17,068	3,195	1	»	30,597
§ unique. — Comptabilité. Comptes des exercices antérieurs	33,936	6,525	40,461	38,163	38,136	19	8	31,844	6,299	20	»	2,298
Total de la 2e section	34,078	57,244	91,322	58,427	58,384	29	14	48,912	9,494	21	»	32,895
Total des affaires contentieuses (1re et 2e sec.)	49,802	414,193	463,995	412,317	399,444	7,326	5,547	264,242	76,897	68,820	2,358	51,678
					412,317			412,317				
IIe PARTIE. — Affaires non contentieuses.												
Ire SECTION. Autorisations de plaider	376	3,540	3,916	3,544	ACCORDÉES. 3,181	REFUSÉES. 191					172	374
IIe SECTION. Décisions et avis divers des conseils de préfecture en matière non contentieuse	72	27,902	27,974	27,563								411
Total des affaires non contentieuses	450	31,442	31,892	31,107								785
Total général	50,252	445,635	495,887	443,424								52,463

ÉTAT D. — *État statistique des affaires jugées par chacun des conseils de préfecture, pendant l'année 1878.*

DÉPARTEMENTS.	AFFAIRES contentieuses jugées en séance publique.	AFFAIRES contentieuses non jugées en séance publique.	AFFAIRES non contentieuses.	TOTAL des affaires.
Ain	2,473	827	195	3,495
Aisne	8,022	1,325	614	9,961
Allier	3,097	337	451	3,885
Alpes (Basses-)	1,827	736	105	2,668
Alpes (Hautes-)	1,902	449	28	2,379
Alpes-Maritimes	2,101	286	816	3,203
Ardèche	3,201	700	123	4,024
Ardennes	4,459	676	312	5,447
Ariége	2,935	462	251	3,648
Aube	3,938	628	220	4,786
Aude	3,949	735	347	5,031
Aveyron	4,653	534	202	5,389
Bouches-du-Rhône	4,080	224	442	4,746
Calvados	2,433	1,203	332	3,968
Cantal	1,995	461	74	2,530
Charente	4,653	572	448	5,673
Charente-Inférieure	6,986	589	323	7,898
Cher	3,086	447	362	3,895
Corrèze	2,717	303	117	3,137
Corse	3,205	349	145	3,699
Côte-d'Or	3,210	808	871	4,889
Côtes-du-Nord	3,040	461	352	3,853
Creuse	1,859	347	215	2,421
Dordogne	5,848	860	262	6,970
Doubs	2,953	835	304	4,092
Drôme	3,441	729	285	4,455
Eure	3,883	1,164	306	5,353
Eure-et-Loir	2,609	650	384	3,643
Finistère	2,715	533	43	3,291
Gard	4,527	827	249	5,603
Garonne (Haute-)	5,701	981	325	7,007
Gers	2,782	698	51	3,531
Gironde	7,855	818	504	9,177
Hérault	5,093	491	279	5,863
Ille-et-Vilaine	3,569	957	286	4,812
Indre	2,759	301	112	3,172
Indre-et-Loire	3,015	652	21	3,688
Isère	3,386	420	329	4,135
Jura	3,566	380	628	4,574
Landes	2,757	492	157	3,406
Loir-et-Cher	3,262	793	129	4,184

DÉPARTEMENTS.	AFFAIRES contentieuses jugées en séance publique.	AFFAIRES contentieuses non jugées en séance publique.	AFFAIRES non contentieuses.	TOTAL des affaires.
Loire	5,556	308	157	6,021
Loire (Haute-).	2,865	545	97	3,507
Loire-Inférieure	3,829	458	523	4,810
Loiret	3,007	782	120	3,909
Lot	2,863	413	39	3,315
Lot-et-Garonne	5,219	238	206	5,663
Lozère.	1,358	219	185	1,762
Maine-et-Loire.	2,407	529	204	3,140
Manche	5,722	1,353	509	7,584
Marne	5,100	1,101	846	7,047
Marne (Haute-)	3,856	1,483	221	5,560
Mayenne.	2,524	466	220	3,210
Meurthe-et-Moselle.	5,382	879	698	6,959
Meuse	3,238	871	500	4,609
Morbihan	2,583	97	168	2,848
Nièvre	4,205	556	357	5,118
Nord.	8,687	1,917	1,529	12,133
Oise.	5,385	1,067	244	6,696
Orne.	4,230	685	229	5,144
Pas-de-Calais	7,892	1,555	364	9,811
Puy-de-Dôme	4,482	623	161	5,266
Pyrénées (Basses-).	4,745	1,037	384	6,166
Pyrénées (Hautes-).	2,910	770	71	3,751
Pyrénées-Orientales	1,810	248	164	2,222
Rhin (Haut-) [partie française].	747	227	58	1,032
Rhône	8,786	390	436	9,612
Saône (Haute-)	3,283	1,198	518	4,999
Saône-et-Loire	6,902	1,003	541	8,446
Sarthe.	4,935	702	233	5,870
Savoie	3,327	517	334	4,178
Savoie (Haute-)	2,652	525	292	3,469
Seine	14,801	158	4,244	19,203
Seine-Inférieure.	6,496	742	497	7,735
Seine-et-Marne	4,987	935	482	6,404
Seine-et-Oise	7,066	1,168	685	8,919
Sèvres (Deux-)	2,369	489	122	2,980
Somme.	6,428	1,331	294	8,053
Tarn	3,577	597	239	4,413
Tarn-et-Garonne.	2,832	653	79	3,564
Var	2,592	289	144	3,025
Vaucluse.	3,288	473	95	3,856
Vendée.	4,070	423	225	4,718
Vienne.	3,463	458	176	4,097
Vienne (Haute-)	3,223	421	153	3,797
Vosges.	4,520	804	614	5,938
Yonne	4,149	684	451	5,284
Totaux. . .	353,890	58,427	31,107	443,424

ÉTAT E. — *Tableau résumant, par nature d'affaires, les travaux des conseils de préfecture pendant l'année 1879.*

NATURE DES AFFAIRES.	AFFAIRES en instance au 1er janvier 1879.	AFFAIRES introduites pendant le cours de l'année.	TOTAUX des colonnes 2 et 3.	AFFAIRES jugées pendant l'année.	AFFAIRES jugées sans observations orales.	AFFAIRES JUGÉES après observations présentées par les parties.	AFFAIRES JUGÉES après observations présentées par mandataires.	DÉCISIONS. Admissions totales.	DÉCISIONS. Admissions partielles.	DÉCISIONS. Rejets.	DÉSISTEMENTS.	AFFAIRES restant à juger au 31 décembre 1879.
1	2	3	4	5	6	7	8	9	10	11	12	13
Ire PARTIE. — Affaires contentieuses.												
Ire SECTION.												
AFFAIRES JUGÉES EN SÉANCE PUBLIQUE.												
1° *Contributions directes.*												
Contributions directes proprement dites . .	10,079	193,371	203,450	194,398	190,579	2,541	1,278	102,526	42,851	47,794	1,227	9,052
Taxes diverses assimilées aux contributions directes et perçues au profit de l'État, des départements ou des communes	5,617	135,445	141,062	135,853	134,150	1,059	644	90,938	24,745	19,776	395	5,209
Taxes spéciales destinées à la confection et à l'entretien des travaux d'intérêt commun, perçues au profit d'associations.	314	519	833	516	340	101	75	181	154	158	23	317
État des cotes indûment imposées (formant un total de 115,278 cotes).	70	16,820	16,890	16,811	16,810	1	»	12,016	3,455	1,329	11	79
Total du paragraphe 1er. . .	16,080	346,155	362,235	347,578	341,879	3,702	1,997	205,661	71,205	69,056	1,656	14,657
2° *Travaux publics.*												
Contestations relatives à l'interprétation et à l'exécution des clauses des marchés. . .	637	773	1,410	709	133	151	425	153	354	128	74	701
Réclamations pour dommages.	1,239	1,401	2,640	1,489	321	167	981	252	824	231	182	1,151
Total du paragraphe 2. . .	1,676	2,174	4,050	2,198	454	338	1,406	405	1,178	359	256	1,852
3° *Affaires communales.*												
Biens communaux. (Ventes, partages, usurpations).	30	141	171	142	66	25	51	78	17	34	13	29
Autres contestations d'intérêt communal. .	107	432	539	393	166	82	145	134	142	64	53	146
Total du paragraphe 3. . .	137	573	710	535	232	107	196	212	159	98	66	175

DAUVERT.

NATURE DES AFFAIRES.	AFFAIRES en instance au 1er janvier 1879.	AFFAIRES introduites pendant le cours de l'année.	TOTAUX des colonnes 2 et 3.	AFFAIRES jugées pendant l'année.	AFFAIRES jugées sans observations orales.	AFFAIRES JUGÉES après observations présentées		DÉCISIONS.			DÉSISTEMENTS.	AFFAIRES restant à juger au 31 décembre 1879.
						par les parties.	par mandataires.	Admissions totales.	Admissions partielles.	Rejets.		
1	2	3	4	5	6	7	8	9	10	11	12	13
4° Élections.												
Élections départementales	»	10	10	10	4	3	3	2	»	8	»	»
Élections communales	8	245	253	248	118	75	55	79	3	155	11	6
Élections de maires et adjoints	1	115	116	113	65	31	17	72	1	36	4	3
Élections de délégués pour les élections sénatoriales	»	58	58	58	27	3	28	17	1	40	»	»
Total du paragraphe 4	9	428	437	429	214	112	103	170	5	239	15	8
5° Contraventions	424	3,261	3,685	3,080	2,428	441	211	2,214	313	445	108	605
6° Affaires diverses	257	899	1,156	872	517	148	207	305	185	291	91	284
Total de la 1re section (§§ 1 à 6)	18,783	353,490	372,273	354,092	345,724	4,848	4,120	208,967	73,045	70,488	2,192	17,581
IIe SECTION. AFFAIRES NON PORTÉES EN SÉANCE PUBLIQUE.												
§ unique. — Comptabilité. — Comptes des exercices 1878 ou 1879.	65	53,209	53,274	20,961	20,699	262	»	18,003	2,946	12	»	32,313
§ unique. — Comptabilité. — Comptes des exercices antérieurs	32,830	7,989	40,819	38,087	38,056	31	»	32,401	5,673	12	1	2,732
Total de la 2e section	32,895	61,198	94,093	59,048	58,755	293	»	50,404	8,619	24	1	35,045
Total des affaires contentieuses (1re et 2e sec.)	51,678	414,688	466,366	413,740	404,479	5,141	4,120	259,371	81,664	70,512	2,193	52,626
					413,740			413,740				
IIe PARTIE. — Affaires non contentieuses.												
Ire SECTION. Autorisations de plaider	374	4,135	4,509	4,091	Accordées. — 3,683	Refusées. — 189					219	418
IIe SECTION. Décisions et avis divers des conseils de préfecture en matière non contentieuse	411	29,415	29,826	29,799								27
Total des affaires non contentieuses	785	33,550	34,335	33,890								445
Total général	52,463	448,238	500,701	447,630								53,071

ÉTAT F. — *État statistique des affaires jugées par chacun des conseils de préfecture, pendant l'année* 1879.

DÉPARTEMENTS.	AFFAIRES contentieuses jugées en séance publique.	AFFAIRES contentieuses non jugées en séance publique.	AFFAIRES non contentieuses.	TOTAL des affaires.
Ain	2,561	1,056	237	3,854
Aisne	7,572	1,487	545	9,604
Allier	3,269	340	424	4,033
Alpes (Basses-)	1,904	633	82	2,619
Alpes (Hautes-)	1,622	554	31	2,207
Alpes-Maritimes	2,138	302	1,026	3.466
Ardèche	3,202	626	111	3,939
Ardennes	4,231	831	345	5,407
Ariége	3,504	483	282	4.269
Aube	3,684	741	247	4,672
Aude	4,450	761	423	5,634
Aveyron	3,944	368	178	4,490
Bouches-du-Rhône	4,029	236	444	4,709
Calvados	5,592	2,091	331	8,014
Cantal	1,909	461	108	2,478
Charente	5,069	300	403	5,772
Charente-Inférieure	7,454	561	344	8,359
Cher	2,950	139	377	3,466
Corrèze	3,102	484	150	3,736
Corse	3,224	286	184	3,694
Côte-d'Or	3,086	809	653	4,548
Côtes-du-Nord	3,097	567	334	3,998
Creuse	1,863	242	283	2,388
Dordogne	5,701	808	281	6,790
Doubs	2,909	1,738	348	4,995
Drôme	3,506	633	280	4,419
Eure	4,577	979	298	5,854
Eure-et-Loir	2,566	625	327	3,518
Finistère	1,971	181	60	2,212
Gard	5,491	903	236	6,630
Garonne (Haute-)	5,026	1,218	229	6,473
Gers	2,691	673	108	3,472
Gironde	7,412	338	492	8,242
Hérault	6,867	612	329	7,808
Ille-et-Vilaine	3,298	795	337	4,430
Indre	2,345	301	124	2,770
Indre-et-Loire	1,861	260	63	2,184
Isère	3,055	1,292	647	4,994
Jura	3,743	855	663	5,261
Landes	3,281	449	149	3,879
Loir-et-Cher	2,900	508	116	3,524

DÉPARTEMENTS.	AFFAIRES contentieuses jugées en séance publique.	AFFAIRES contentieuses non jugées en séance publique.	AFFAIRES non contentieuses.	TOTAL des affaires.
Loire	5,638	393	157	6,188
Loire (Haute-).	2,486	306	99	2,891
Loire-Inférieure	4,342	379	501	5,222
Loiret	2,967	519	230	3,716
Lot	2,665	474	61	3,200
Lot-et-Garonne	5,036	660	222	5,918
Lozère.	1,088	155	176	1,419
Maine-et-Loire	2,509	602	198	3,309
Manche	6,253	862	551	7,666
Marne	5,086	1,061	866	7,013
Marne (Haute-)	3,755	1,672	250	5,677
Mayenne.	2,939	339	173	3,451
Meurthe-et-Moselle.	4,761	849	775	6,385
Meuse	3,360	1,051	1,218	5,629
Morbihan.	2,381	309	198	2,888
Nièvre	4,017	702	358	5,077
Nord.	9,214	1,487	1,688	12,389
Oise.	5,318	1,063	234	6,615
Orne.	4,012	780	209	5,001
Pas-de-Calais	7,696	1,523	498	9,717
Puy-de-Dôme	4,330	796	184	5,310
Pyrénées (Basses-).	4,114	1,208	368	5,690
Pyrénées (Hautes-).	2,306	408	143	2,857
Pyrénées-Orientales	1,719	273	214	2,206
Rhin (Haut-) [partie française].	800	122	62	984
Rhône	6,211	638	556	7,405
Saône (Haute-)	3,614	771	536	4,921
Saône-et-Loire.	7,712	1,083	597	9,392
Sarthe	4,608	502	191	5,301
Savoie	3,385	611	389	4,385
Savoie (Haute-)	2,683	623	330	3,636
Seine	15,169	168	4,527	19,864
Seine-Inférieure.	7,697	1,056	646	9,399
Seine-et-Marne	4,716	954	498	6,168
Seine-et-Oise	6,967	1,223	839	9,029
Sèvres (Deux-)	2,510	603	98	3,211
Somme.	6,352	1,233	337	7,922
Tarn.	3,785	460	227	4,472
Tarn-et-Garonne.	3,206	388	87	3,681
Var	2,397	323	157	2,877
Vaucluse.	3,241	310	128	3,679
Vendée.	3,693	417	223	4,333
Vienne.	3,403	306	177	3,886
Vienne (Haute-).	3,101	200	147	3,448
Vosges.	4,459	880	496	5,835
Yonne	4,335	777	445	5,557
Totaux. . .	354,692	59,048	33,890	447,630

ÉTAT G. — *Résumé statistique des travaux des conseils de préfecture, de 1865 à 1879.*

DÉSIGNATION.		1865.	1866.	1867.	1868.	1869.	1870.	1871.	1872.	1873.	1874.	1875.	1876.	1877.	1878.	1879.
Affaires contentieuses portées en séance publique.	introduites.	317,932	312,698	316,878	330,674	326,237	295,835	352,493	329,072	349,032	336,943	332,875	340,426	353,331	350,949	353,490
	jugées.	309,058	285,809	310,890	322,711	320,102	284,300	330,681	323,364	346,427	343,546	331,411	342,789	355,680	353,890	354,092
Comptes de gestion.	introduits.	63,872	73,194	72,160	69,071	64,191	57,016	56,270	67,618	61,678	63,069	68,585	57,032	58,734	57,244	61,198
	jugés.	59,687	48,720	64,991	61,033	57,122	48,394	47,572	57,983	70,447	71,085	62,554	56,990	57,476	58,427	59,048
Affaires administratives.	introduites.	29,282	31,299	34,998	35,042	36,167	14,127	19,971	39,044	33,116	34,337	32,698	31,282	31,697	31,442	33,550
	jugées.	28,864	30,829	34,746	35,344	35,924	13,931	19,689	39,150	33,349	34,356	32,681	31,275	31,683	31,107	33,890
Total des affaires.	introduites.	411,086	417,191	424,036	435,387	426,595[a]	366,978[b]	428,734[c]	437,234[d]	447,426	434,349	434,161	428,740	443,762	445,635	448,238
	jugées.	397,609	365,358	410,627	419,088	413,148	346,625	403,942	420,497	450,223	448,987	426,646	431,054	444,839	443,424	447,630

a. Non compris les départements de la Moselle, du Bas-Rhin et du Haut-Rhin.
b. Non compris la Seine, la Moselle, le Bas-Rhin et le Haut-Rhin.
c. Non compris la Moselle, le Bas-Rhin et le Haut-Rhin.
d. Y compris le territoire de Belfort.

TABLE DES MATIÈRES

États statistiques.

Nancy, imprimerie Berger-Levrault et Cie.

LIBRAIRIE ADMINISTRATIVE BERGER-LEVRAULT ET Cie

PARIS, 5, RUE DES BEAUX-ARTS. — MÊME MAISON A NANCY

DICTIONNAIRE

DE

L'ADMINISTRATION

FRANÇAISE

PAR

M. Maurice BLOCK

MEMBRE DE L'INSTITUT

AVEC LA COLLABORATION DE MEMBRES DU CONSEIL D'ÉTAT, DE LA COUR DES COMPTES
DE DIRECTEURS ET CHEFS DE SERVICE DE DIVERS MINISTÈRES, ETC.

NOUVELLE ÉDITION

ENTIÈREMENT REFONDUE, AUGMENTÉE ET MISE A JOUR (1877)

Un volume in-8° de xv-1856 pages, renfermant la valeur de 28 volumes ordinaires
Prix, broché, **30** fr. ; relié en demi-chagrin, plats toile, **34** fr. **50** c.

SUPPLÉMENT ANNUEL

I. Novembre 1878. In-8°, même format que le Dictionnaire.					Prix : **2** fr. **50** c.
II. Novembre 1879.	—	—	—		Prix : **2** fr. **50** c.
III. Novembre 1880.	—		—		Prix : **2** fr. **50** c.

Nancy, impr. Berger-Levrault et Cie.

www.ingramcontent.com/pod-product-compliance
Ingram Content Group UK Ltd.
Pitfield, Milton Keynes, MK11 3LW, UK
UKHW020151220726
13923UKWH00001B/468